用美的教育造就美的新人

创美育人的高中教育管理实践

张六安◎著

安徽师范大学出版社
ANHUI NORMAL UNIVERSITY PRESS

·芜湖·

图书在版编目(CIP)数据

用美的教育造就美的新人 : 创美育人的高中教育管理实践 / 张六安著. — 芜湖 : 安徽师范大学出版社,2024.4

ISBN 978-7-5676-6468-5

Ⅰ. ①用… Ⅱ. ①张… Ⅲ. ①高中 – 教学管理 – 研究 Ⅳ. ①G637.3

中国国家版本馆CIP数据核字(2023)第191254号

用美的教育造就美的新人——创美育人的高中教育管理实践　　　　　　张六安◎著

责任编辑:李　娟　　　　　　　　　　责任校对:孔令清

装帧设计:张　玲　王晴晴　　　　　　责任印制:桑国磊

出版发行:安徽师范大学出版社

　　　　　芜湖市北京中路2号安徽师范大学赭山校区

网　　　址:http://www.ahnupress.com/

发 行 部:0553–3883578　5910327　5910310(传真)

印　　　刷:苏州市古得堡数码印刷有限公司

版　　　次:2024年4月第1版

印　　　次:2024年4月第1次印刷

规　　　格:700 mm × 1000 mm　　1/16

印　　　张:11.75

字　　　数:161千字

书　　　号:ISBN 978-7-5676-6468-5

定　　　价:49.90元

凡发现图书有质量问题,请与我社联系(**联系电话:0553-5910315**)

前　言

教育是一个教与学相互结合的过程。教育者与受教育者在这个过程中可以创造出一种独特的、新颖的美感，这就是教育美。它对构建人的文化心理结构、实现理性积淀在感性中、内容积淀在形式中具有重要的作用，是教育追求的目标。我们认为实施"美的教育"是塑造学生美好未来的重要力量之一，也是社会进步和人类文明的重要基石。在当今充满变革和挑战的时代，我们迫切需要以"美的教育"理念为引领，让教育过程充满美的要素，将学生培养成德智体美劳全面发展的社会主义建设者和接班人。本书以珠海市第一中学的教育实践为例，探讨如何通过"美的教育"造就"美的新人"。

学校是知识的摇篮，承载着希望和梦想。学校管理是支撑学校良好运行的重要一环，它不仅关系着教育的质量，更关乎着学生的成长和未来。创美育人是教育事业中的崇高使命和追求。在当代社会，美的力量愈发重要，它不仅能塑造人的品格，还能激发人的创造力和社会责任感。因此，创美育人已成为教育工作者的重要任务。

本书凝聚作者多年的教育教学管理经验，通过分享自己的教育理念和主张，探讨如何通过学校管理营造一个培养美的新人的良好环境。作者深入探究学校管理的各个方面，从组织文化到教学管理，从师资队伍建设到学生发展支持，系统地介绍创美育人的实践经验和方法，探讨如何把美的价值观融入教育实践，如何培养学生的审美能力和创造力，以及如何培养他们的优秀品格和家国情怀。

本书从教育的理念和目标出发，提出了一系列具有一定创新性和前瞻性的教育见解和实践方法，主要探讨了如何打破传统的教学方式，以促进学生主动学习，培养创造性思维，提高团队合作能力和社会责任感。

本书以作者办学治校中的实际案例为基础，探讨学校管理中的成功经验，包括如何打造积极向上的校园文化，如何整合多元丰富的教育资源，如何创设具有启发性和创造性的教学环境等，旨在帮助学生发掘自身的潜能。

本书理论与实践相结合，为学校管理者提供参考。希望读者通过阅读本书，能够获得启发和思考，从而在实践中更好地运用创美育人的理念，促进学生健康成长和全面发展。学校管理者的专业能力和素质对学校的发展和教育质量的提升具有重要的影响。希望本书能够为他们提供一些思路和启示，助力他们在学校教育教学管理中不断优化措施，不断推进教育高质量发展。

囿于作者的学术能力和管理水平，本书难免会有疏漏和不妥之处，诚恳希望广大读者提出宝贵意见，不吝赐教。

目　录

第一章 美学视野下的学校教育

　　教育是一个育美、创美、成美的过程。教育的内容丰富，形式多样，在教育过程、教育内容、教育方式与手段、教育环境、教育管理等方面都可以呈现美的教育。美学视野下的学校教育所关注的应是教育的美学品格，其根本目的就是通过对教育过程及教育者行为中美的规则的探讨，揭示学校教育教学活动与育美、创美、成美之间的内在联系，从而使教育不仅在一定程度上能够促进人的发展，而且能更好地引导受教育者全面发展。在美的教育过程中，教师和学生应该构建一个美学视野下的命运共同体，这样才能培养出德智体美劳全面发展的社会主义建设者和接班人。

第一节 现代学校教育的审美思考与实践

一、美学的诞生和发展

什么是美？每个人对美都有不同的理解，但美离不开人，同时也离不开外在的客观事物。在欣赏某种事物时，美会使人内心感到愉悦畅快，或者说这种事物给人带来了美感。

以美为对象作为一门学问来研究，是德国哲学家鲍姆嘉通在其所著的《美学》中首次提出的。该书介绍了鲍姆嘉通的美学思想和美学观点，系统地阐释了审美的实践特性而不是解释或认识特性。他对美学的理解是感性认识的完善，即具有真理属性的感觉或感受。同时，这种感受因为有真理的属性而能融合为一个和谐统一的整体。

虽然美学作为一门独立的学科，时间并不长，但作为活动的审美思考，却历史悠久，可以追溯到原始社会。原始社会陶器上具有美感的花纹，原始乐舞的丰富情感表达，原始壁画上符号所传递的大量信息等都象征或呈现了某种生命活力，这就是人类审美活动的原初阶段。

古希腊的毕达哥拉斯学派是人类历史上最早开始思考美的。他们认为数是世界的本源。按照数的关系，他们探究身体、音乐、图形等中能够带来和谐美感的比例关系。之后的苏格拉底、柏拉图和亚里士多德则是从理性思维的角度来思考美和丰富艺术历史过程。柏拉图在他的《大希庇亚篇》《理想国》等著作中，将美作为一种最高的本体概念"美的理念"，认为"美本身"是所有美的事物的共相，现实中的各种美只是分享了"美的理念"。柏拉图的美学思想中隐蔽地存在着一种"象征主义"的精神。

古代中国也和古希腊一样，很早就意识到了美的存在。中国文化中最早对"美"的思考始于孔子。他在《论语》中说"尽美矣，又尽善也"，将美与善联系起来，为中国文化中关于美的思考奠定了基础。虽然在漫长的中国历史中，中国思想家们没有把"美"作为一个独立的概念加以思考，但也留下了许多关于艺术的道德关怀和各种具体的审美体验。庄子在《知北游》中说："天地有大美而不言，四时有明法而不议，万物有成理而不说。圣人者，原天地之美而达万物之理。是故至人无为，大圣不作，观于天地之谓也。"圣人观赏天地之美，不言说万物大美之"成理"，却有真正深广浩大的体会和感悟，这才是最重要的。嵇康在《声无哀乐论》中写道："夫天地合德，万物贵生，寒暑代往，五行以成。故章为五色，发为五音，……其体自若而不变也。岂以爱憎易操、哀乐改度哉？"天体运行有常规，风雨雷电，阴晴变化，不因人喜哀而变，但人对它有感受，且有不同反应。美感反应是十分复杂、多样、无限深广的。

在鲍姆嘉通提出"美学"概念之后，许多哲学家如康德、席勒、尼采、马克思等都提出了自己对美学的认识和思考。美学的研究对象就是人的审美活动。美对于人们心理有重要的影响，能促使完整人格的形成和发展，同时为人类得以延续、发展提供精神力量，即美的本质是人的本质的最完满的展现。现代人文精神是构成现代美学思想的核心。美学是关于人的哲学，关心人的现实及生存价值和意识，可帮助人们走出困境，提高生存和生活质量。美学的人文内涵，为我们解决好学校教育中的人的培养问题提供了许多内在依据。

二、审美化教育

学校是专门培养人、教育人的地方。学校教育的实施如何，关系到全面发展人才的培养，关系到社会精神文明建设的好坏。从时间上来讲，一个人从幼儿园、小学、中学到大学，要在学校中度过十多年。这个阶段对一个人的成长，乃至一生的发展都起着决定性的作用。

为什么学校要进行审美化教育？因为审美正成为社会的重要组成部分。在当今社会，人们除了要满足物质文化需求，对精神文化需求也越来越大。在日常生活中，活动环境、活动条件和活动对象都逐渐成为审美对象。人类正在较全面地追求一种理想，即从活动过程中挖掘出源源不断的美感源泉。作为教育事业的高度集中化的表现形式，学校教育与人类社会的发展进程紧密相连。它既受人类社会发展进程的制约和规定，又以自己的方式推动社会的发展进程。学习求知阶段，既是人长身体、长知识、强思想、求知欲最旺盛的时期，也是世界观、审美观变化非常大的时期。因此，这期间美育的内容、方法和实施的态度及力度等，直接影响美育的效果，最后影响培养什么样的人。我们只有充分挖掘中小学课程中的审美因素，把单纯的规范教育转变为人的生命意识的全面开发，才能真正提高生命质量，促进学生形成正确的人生价值观。在实践层面上，要按照教育的规律和美的规律去创造教育自身的美，使教育活动成为表现美学智慧和审美价值的活动，让整个教育活动充满美。

审美化教育可以提高人的综合素养，丰富人的本质属性；能让人们更好地理解、欣赏、体验和品味人生价值，提高感觉器官的敏捷性、情感体验的丰富性；能让人们把握事物整体结构和各种因素的统摄力，延伸认识活动的想象力和表象扩展、转换的能动性。真正的审美化教育和一个学校的总体审美意识及精神，教师、学生群体的理念及审美理想紧密相连，是多数人的志向、思想境界、精神现象和审美情趣的结合。审美化教育不是单纯的娱乐和个人情感的宣泄，而是教育者理性的升华和崇高精神的凝聚。

审美化教育也是一种"素质教育"。所谓"素质"，是指人，尤其是青少年作为优秀人才所应具备的要素和品格。它不仅包括健康的道德品质、丰富先进的知识、强健协调的身体，同时还包括敏锐的感觉力、奇特的想象力、丰富的情感、博大的精神世界和创新求异的能力。审美化教育在很大程度上能帮助学生提高敏锐的感觉力、丰富的想象力、博大的精神世界和创新求异的能力。

审美化教育丰富多彩，体现在学校教育德智体美劳等各个方面，包括审美化的教育过程、审美化的教育内容、审美化的教育形式、审美化的教育环境等。

审美化的教育过程中，教师和学生都是主体，一个教，一个学，学生通过学习，其思想可以自由发挥，自由发展。学生根据教师的教育内容来不断认识社会，认识身边的各种美。审美化教育的过程实质就是教师和学生的相互认识。学生带着知识的转化过程，由内而外地感受美。教师作为知识的传播者、教育者，将自己对美的感受传授给学生，实际上就是将教师所认知的美转化为学生认知的美，从而在学生身上实现一种美的创造。

审美化的教育内容包含很多方面，如具有审美性因素的基础课程、学校组织的各种文化活动、班级组织的实践活动等。教师通过对这些内容进行审美化转化，使学生对这些基础知识产生审美性的感受与体会，使之成为师生相互作用的平台。师生通过共同构建、分享知识，交流人生体验，从而使真、善的内容获得美的形式，实现学科教学的审美价值。此外，审美化教育还重视各个学科之间的联系，重视如何使各个学科实现相互融通并发生综合作用，帮助学生建立完整的知识结构，发展通识能力。

何为审美化的教育形式？其实质就是教育者审美意识对象化。教育者通过一系列的方式、方法将自己感知到的美传授给他人，用教育活动的美学特征表现教育活动的复杂性、有序性。合理恰当的教育方式能促进教育内容的展现，使二者达到和谐统一，这是形成审美化教育的重要条件。情景教育是一个很好的例子，也是一个很有效的教育传播方式。在学校，教师可以通过一系列的情景演练使学生有身临其境的切实感受，从情景中体会到美，延伸出属于他们自己对于美的领悟，从而使学生获得审美满足，并启迪其潜在的智慧，最终实现教育内容与形式的结合。

何为审美化的教育环境？它指的是学生的教育和学习条件需要以美学规律和艺术手法为条件，从而改善学生在接受审美化教育中产生的紧张、焦虑，营造一个和谐、安全的学习氛围，舒缓学生的心情，增强愉快感，最终激发他们的创造潜力。随着国家经济的发展，科学技术的进步，办学条件的提高，教育教学环境的审美性也得到了提高。

以上叙述的四个方面就是审美化教育的主要内容，是一个统一的整体，都接受审美理想的指导。这四个方面综合起来就形成了学校教育的教育美。

三、教育美

教育是一个教与学相互结合的过程。教育者与受教育者在这个过程中可以创造出一种独特的、新颖的美感，这就是教育美。它对构造人的文化心理结构，实现理性内容向感性形式的积淀具有重要的作用，是教育追求的目标。

（一）教育美的根源是社会实践

辩证唯物主义者认为，实践是认识的基础。美是一种社会现象，是人类社会发展的产物，是一种感性认识。所以，美的根源在于社会实践。马克思提出了两个重要的美学命题，分别是"劳动创造了美"和"人在他所创造的世界中直观自身"，这两个命题揭示了人的本质在于"对象化的感性显现"。

劳动之所以创造美，是因为劳动具有双重性：一方面，劳动能使人们创造满足物质生活的价值；另一方面，劳动是一种有目的、有意识地改造客观世界的物质性活动，是人们在社会实践活动中的自由创造性行为。随着社会不断发展进步，人们在各种研究、艺术活动和教育中体现美感，即人们在劳动过程中创造美。

人的本质力量指的是人类在遵循客观规律的前提下，满足自己活动目的所创造出的力量，这个力量能够推动社会的发展和进步。马克思在《马克思恩格斯选集》第一卷中说："人的本质不是单个人所固有的抽象物，在其现实性上，它是一切社会关系的总和。"可见，人的本质是一个社会概念。马克思认为人的本质是有意识的且自由的活动。所谓"自由的"，指的是人类可以掌握客观规律，按照客观规律独立地改造和变革客观世界；所谓"有意识的"，指的是人的实践是有目的性的。马克思在《马克思恩格斯选集》第一卷中说："动物只是按照它所属的那个种的尺度和需要来构造，而人却懂得按照任何一个种的尺度来进行生产，并且懂得处处都把固有的尺度运用于对象；因此，人也按照美的规律来构造。"他认为人类的劳动不同于动物的本能活动，是一种有意识、有目的的实践性的活动，能够按照美的规律将主客体统一起来，创造出更高级的美。

所谓"对象化"，体现了人与自然以劳动为中介，实现了"人在对所创造的世界中直观自身"的过程。即通过劳动实践，既改造了自然，使其获得美的属性；又改造了人，使其获得审美能力。

教育本身就是一种实践活动。教育活动有广义与狭义之分。广义的教育活动泛指影响人的身心发展的各种教化活动，狭义的教育活动主要指学校教育活动。学校教育活动多种多样，从形式上看，有教学活动、课外活动、实践活动；从活动主体上看，有管理者的活动、教师的活动、学生的活动；从内容上看，有课内外进行的德育、智育、体育、美育、劳动技术教育、发展个性特长等各种活动。教育活动无论是广义或狭义，其宗旨都是对人的培养和训练，用教育者的力量影响、塑造受教育者，这具有合规律性和合目的性，也就具有一定的审美价值。

（二）教育美是内容和形式的统一

教育美主要包括教育内容美和教育形式美两个方面。教育内容美必须是真与善的结合，是丰富、具体、多样化、形象化的。教育形式美是指教育的形式和手段具有形象性、愉悦性的特点，能对教育对象产生吸引力和感染力。教育的内容美和形式美是相互联系的，不能将二者分开。如果单纯只有教育内容美，无法用美的形式去展示，那么内容也会变得枯燥无味，失去其价值；如果没有美的教育内容，大搞花哨的形式，也同样会失去教育的意义。

从根本上说，美的形式是由美的内容决定的。马克思主义哲学告诉我们，内容决定事物的性质，形式是内容所要求的存在方式；内容决定形式，形式随内容的变化而变化；同时，形式反作用于内容，制约着内容。所以，教育美就是以自由的审美形式对教育主体的创造性的肯定。

（三）教育美是情和理的渗透

教育的过程不是静止不动的，而是动态的不断变化着的过程。这个动态的过程需要通过教育者和受教育者直接情感和理性方面的沟通来实现。教育活动需要情与理并存，二者需要相互联系，互为前提，共处于教育的统一体中，互相渗透，互相贯通，互相联结。情和理的互相渗透使教育活动具有审美价值。教育美以情感为形式，蕴含和积淀着某种生命意义。

在学校教育中，教师应为学生提供优良的情感教育。这种情感教育过程常常并非自然情感的直接外露，而是运用教育的符号、语言、技巧，在一种或多种心理活动微妙交融的教育情境下创造的一种怡人的情感形式。这种情感形式满足了学生的内在情感需要，增加了学生的"快乐总量"。

（四）教育美是愉悦性和自由创造性的结合

在具有审美意义的教育活动中，受教育者常常处在一种喜悦的心理状态与精神状态下，产生强烈的情感体验，获得极大的审美享受。愉悦性包括教师乐教和学生乐学。其中：教师乐教是指教师用心去教学，用自己的所感所悟来为学生讲述，既真情又自由；学生乐学则体现为受教育者在接受教育的过程中感到愉悦，并且乐意去接受这些知识，从而提高他们自主学习的积极性。

美是自由创造出来的。有学者认为，美的永恒价值不在于理性的、社会的积淀，而在于美作为一个开放而具有无限可能性的、永远指向生命本身的、活的有机体，能够不断地唤醒在理性法则、社会规范之中沉睡的感性个体生命，为人的自由开辟通向未来的道路。在审美活动中，人可以摆脱一切压抑和限制，感受到自由。正如黑格尔所说，审美带有令人解放的性质。

教育美是优质教育的一种特性。教育是一种面向生命的实践，即"生命·实践"。教育与生命须臾不可分离。教育始终是为了生命，教育之美由此而来。教育与生命最大的姻缘就是美，任何一方离开之日，就是教育美消逝之时。教育中的生命与实践也有天然的联系。教育实践是一种致力于促进生命成长和发展的创造性实践。人类所有的实践都与生命有关，但只有教育实践是以生命的成长和发展为指向与目标的，它所做的一切就是把所有的资源都转化为促进生命成长和发展的力量。教育者在实践中实现规律性和目的性的有机统一，并使它具有一定的审美价值。

自由创造性和愉悦性是统一的有机整体。自由创造性侧重于教育过程，愉悦性侧重于合适的教育过程所带来的主观感受。没有自由创造性的教育过程，就无法使师生在教育活动中产生愉悦性的感受。教育的愉悦性使得受教育者有更多的兴趣去认识美、创造美。

四、审美化学校教育的实践探索

审美化教育能带来美的感受，那么在教育实践中如何实现受教育者在教育活动中感受到愉悦，并实现成长和进步？这是人们一直在探究的重要问题之一。

陶行知认为教育之美，归根到底是一种实践之美，更是"生命·实践"之美。教育美不是不可触摸的想象之美、玄妙之美和空幻之美，而是实践之美、平实之美，如同炼钢工人的操作之美、厨师的烹饪之美、足球队员的运动之美一样，它一定不是抽象的，而是具体的。在培养目标的设定上，他将美的素养也纳入其中。他认为，人应当具备科学的精神、美术的精神、大夫的精神，用科学的精神求得知识，用大夫的精神锻炼应变，用美术的精神改变环境。这三种精神都是以"事"为中心提出来的。他还认为，改造应当秉着美术的精神，去运用科学发明的结果，来支配环境，使环境出现和谐的气象。我们要有欣赏性的改造，不要有恐怖性鬼脸式的改造。换句话说，我们改造环境，要有美术的精神。在他看来，如果所做之事有了艺术的意味，那么精神上自然会得到无限的安慰。

陶行知把追求真善美的统一作为教育的灵魂，作为教育追求的最高境界。为此，他提出"真善美合一""知情意合一""教学做合一"等观点，并将其作为自己创办育才学校的目标和方针，大力倡导创造"真善美的人格"。陶行知倡导的"真善美"的人文精神成为当代校园文化建设的核心目标之一。他提出的"千教万教教人求真，千学万学学做真人"，作为育人目标，是千古不变的真理。教育的一切内容、形式和行为，都应该表达一个"真"字。他提出的"爱生如子""爱满天下"精神，是人类的至善至爱精神，贯穿了人本主义的教育理想。由此可见，陶行知的教育理念既重视对科学精神的体现，又有审美的理想。他认为通过情可以把知和意联系起来。他在《生活教育文选》中说："育才学校办的是知情意合一的教育……知情意的教育是整个的、统一的。知的教育不是灌输儿童死的知识，而是同时引起儿童的社会兴趣与行动的意志。情育不是培养儿童脆弱的感情，而是调节并启发儿童应有的感情，主要的是追求真理的感情；在感情之调节与启发中使儿童了解其意义与方法，便同时是知的教育；使养成追求真理的感情并能努力与奉行，便同时是意志教育。"[①]

在这样的认识基础上，陶行知认为教师修养的核心是审美修养。教师对学生、学生对教师、学生对学生之间都要互相融合，彼此交流自己的思想观点，只有人与人之间打破隔阂才能促进精神的交流与发展，促进人格教育的形成与发展。他强调教师对学生的爱应当不分尊卑，不分等级，人人平等，要让每个受教育者在积极和谐的氛围中获得知识的快乐，促使创造力的解放。这些饱含自由意识的思想，充分表现了教育的审美特征。在教育过程的把握上，陶行知创造性地提出了"教学做合一"的教育模式，倡导：教师的成功是创造出值得自己崇拜的人。先生之最大的快乐，是创造出值得自己崇拜的学生。说得正确些，先生创造学生，学生也创造先生，学生先生合作而创造出值得彼此崇拜之活人。由此可见，教育的过程就是创造美的过程。在这种教育氛围的熏陶下，教师和学生也必然会体验

---

① 陶行知，等.生活教育文选［M］.胡晓风，等编.成都：四川教育出版社，1988：512-513.

到一种教育本身的美感。陶行知对教育的美学推论独具个性，虽然受时代的局限，这种浪漫的审美理论难以在教育实践中得到充分实现，但他对教育的美学向往值得充分肯定。

我国另一位艺术教育家丰子恺，也从教育艺术的角度表达了他对教育的审美期盼。丰子恺把教育艺术的要义归纳为以下三点：第一，美的要求，其中包括全部的教育问题，这是前提，是基础；第二，要把人间的所有教育行为当作近似于艺术活动或艺术行为，对艺术性质的科目与非艺术性质的科目都必须增加艺术的味道和爱的面影；第三，一切教育行为，必须有某种取向。这种美学意义上的开放的教育观念是非常难能可贵的。

中国近现代艺术教育家吕凤子，在谈到中学美育的实施时，也表达了他对教育中审美的关注。他指出：凡是和美育有关的课程，无论其效果是直接的还是间接的，必须使它们各尽其用；学校应有相当的设备，于无形之中涵养学生的美感；训育（道德教育）应以美育贯穿其全体，教师对学生应当以人格相接触，借此启发审美的能力且撼动一般生活的核心。

美国教育家杜威提出了一个重要命题"艺术内在地是教育，教育也可以成为艺术"。在杜威看来，教育的目标是教育美不断向艺术靠拢，从而获得艺术美的经验，同时获得艺术享受。在教的方面，杜威希望教育中融入艺术，教师在某种程度是艺术家，从事审美性的教育活动。

苏联教育家苏霍姆林斯基把分析学生的活动作为自己研究学生精神世界的主要出发点。他认为，在种种教育活动中，最有价值的是那些能把一个人的全部内在精神力量——智慧、情感、观点、信念、意志等，都用于改造世界，用于创造并增加社会物质财富的活动。学校就是要为这些活动创造环境和条件。无疑，这样的活动带上了鲜明的审美特征。他在自己的教育实践中也很好地实现了这一点。

这些教育家将美学与学校教育相结合的思想给当代学校教育很好的启发，我们虽然不能将全部的落脚点放在审美上，但审美却是当代学校变革不可缺少的一个重要组成部分。学校教育的德智体美劳"五育"也必然需要和美学联系起来，通过审美化"五育"推动立德树人根本教育目标的实现。

第二节　美学视野下的德育

　　德育在"五育并举"中排在最前面，教育的根本任务是立德树人，强调"立才"先"立人"。对学生的培养，首先是提升学生的道德修养和精神境界，培养他们树立正确的价值观念，然后是增加他们的知识储备，提高他们的科学才能，最终培养出社会所需要的德才兼备的人。德育与美学的融合，就是要用美的教育方式来促进学生品德的提升，用美来强化德育过程和结果。

一、以美扬善

　　美与善具有相通性，美以善为基础，美是一种高水平的善，美指向的是情感，善指向的是意志和道德。美感经验和道德经验在性质上具有相似性，同时美感经验作为人类初始的经验形式，是人类文化赖以生存的根基。当审美活动把关于客体的价值认识上升到美的高度时，主体就能对客体进行客观的评价，从而全面、深刻地领悟事物的意义。

　　以美扬善主要是指教师在教育学生过程中，用审美因素来培养学生树立正确的世界观、人生观、价值观，提高学生的道德修养和素质，做一个积极、乐观向上的好学生，促进其美好人格的形成。以美扬善强调的是感官、心灵以及人格对客体的观照、领悟，是自由的情感交流和创造。它强调在潜移默化的状态下实现情操的陶冶和心灵的塑造，给予道德教育以强大的动力。以美扬善强调了美对学生道德观念的养成所产生的强大的感召力。美的教育能直接唤醒学生对道德的悟性，提高学生的道德修养，培养学生的道德情操，从而培养学生良好的道德修养和素质。

将美学融入学校的德育，在进行规范教育的同时，也会进行价值教育，通过创造和欣赏美好的事物，诱发学生产生相应的审美情感，并以此为中介，将社会的道德规范转化为学生内在的道德信念，帮助学生形成正确的价值观念，并对其自身的行为产生规范作用，养成良好的道德行为，从而实现一种由美至善、再循环至美的过程。正如苏霍姆林斯基所说，美是一种心灵的体操，它使我们的精神正直、心地纯洁、情感和信念端正。

以美扬善具体包括三个方面的内容：

一是利用多样化的审美因素来转化道德教育过程中的某些强制性因素或者约束性行为，增加道德教育的自觉性，促使学生更加积极主动地去认知学习正确的道德观念和世界观。与此同时，在学生认识道德观时，教师要引导他们从情感－美感的角度来细致地体验，利用课程内容中的美来减少空洞说教，从而促进他们做出正确选择并内化道德认识的自主意向，使道德教育中社会规范的硬性要求转化为自由意志的培养。

二是利用课程与教学中的审美氛围来激发学生对学习和生活的热爱，从而树立美好的生活理想。教师要努力创造出一种良好的审美氛围，让学生在学习中获得审美性情感体验，从而使他们在潜移默化中产生积极、乐观的学习态度，提高学习效率。这种积极、乐观的学习态度将影响到他们对生活和工作的态度，从而帮助他们树立美好的生活理想，确立高尚的生活目标。

三是运用自由、动情的美的教育来促进学生的个性发展和人格完善。

美的教育借助于审美感与道德感的联结，把道德规范转化为个人的自律，进而推动学生在实践中形成一种主动、积极的行为。通过美的教育，学生能够正确认识和理解生活中的美的行为，净化内心，从而自觉做出有关美的道德行为，同时又会使他们理性冲动的行为得到收敛，趋向感性的自由。马斯洛认为，人自身越完美，他知觉的世界就越完美。而人知觉到的世界越完美，世界就会变得越完美，因为二者之间是一种相互促进的能动关系。这正是对美善互扬的深刻表达。

二、学校德育中的情感教育

学校教育中一个很重要的内容是情感教育。在审美活动中情感体验是核心，情感的调动是学校德育活动能否取得预期效果的关键。在主体可以调动的众多情感中，肯定性的情感始终占主导地位。在学校德育中，教师要不断地向学生传递肯定性的情感，尤其是美感中的崇高感和爱的情感。

崇高感作为一种美感范畴，是人的本质力量与客体之间处于尖锐对立与严峻冲突时，主客体之间所呈现出来的冲突之美。崇高是一个与秀美相对的美学范畴。西方哲学家大都是在"美统真善"的意义上讲崇高，赋予其以人格尊严和人的自由审美的内涵。中国哲学家更多的是在"美善合一"的意义上讲崇高，赋予其以道德的人格审美的意蕴。崇高感是主体在客观事物面前因感到渺小、困难而激起的强烈奋发之情，从而感到自己的精神境界得到提高而引起的一种喜悦之情，体现的是经过主体和客体之间的冲突和斗争后，主体克服和压倒客体而实现了主体和客体之间的融洽和和谐。崇高感具有强大的精神振奋作用和强大的正面教化作用。在学校教育中，教师要善于把各种体现崇高品质的人和事物展现在学生面前，让学生的心灵尽可能多地得到崇高品质的感染和浸润。

爱的情感是另一种应予以高度重视的肯定性的情感。爱是社会和谐发展的必要条件，是人类社会得以持续发展的动力源泉。罗兰认为，在人类心中的一切情感和激情中，最为重要的是爱。爱总是与美相联系的。西方哲学美学家博克指出，美感起于爱，美感就是对感性事物的一种爱的情感。梁启超认为，爱与美的统一就是情与理的统一，善与美的统一就是审美境界与道德境界的统一。

　　在学校德育中，爱是情感教育的主旋律。德育过程中要以爱的感情为先导，以发展年轻一代的关爱能力为价值取向。教师应当把师生关系建立在爱的基础上，这是教师道德行为的根本点。教师对待学生要一视同仁，多一些关心尊重，要用自己的爱让学生体会到温暖，引导他们去感受爱，创造爱。有爱心是教师职业的灵魂。一个教师只有充满爱心，才会对学生有爱心；只有对工作充满激情，也才能有责任心。教师要对自己负责，对学生负责，对家长负责。只有拥有强烈的责任心，才能不甘于平淡，才能产生强大的人格魅力，得到学生的拥护和爱戴，得到学校和家长的信任。教师要善于不断扩大学生创造爱的范围，从爱亲人到爱教师、爱同伴，从爱家庭到爱学校、爱社会，让学生形成对人、对事、对己的亲社会态度和人格特征，在个体丰富多样的爱的活动中建构爱的品质。正如法国伊波特里·丹纳所说，爱的对象越广大，我们越觉得崇高。因为爱的益处随着应用的范围而扩张。

　　肯定性的情感是丰富多样的。在学习和受教育的过程中，只有当学生通过肯定性的情感体验使自己的情感心理变得充实而丰富、自主而灵活时，他们才会以极大的感情力量激发起自身情感体验所具有的多种心理功能，并使内心世界显得自由无碍。具有一定的审美意识的教师在情感的再现与深化中，教育的内容能让学生接受，并且内化为自身的东西。教师在传授教育内容时要与自己的情感表现相契合，不断地与学生沟通交流，促使学生更好地接受与体会，从而产生共鸣，营造一个良好的学习氛围，实现情感的有效表达。这样既增加了教师自身行为的美，又激发了学生在教育过程中的审美活动。正是凭借这种情感因素，各式各样的表层的教育效果才能向深层的教育效果转化，对学生的人格领域产生影响，使学生达到某种内在的幸福状态。

（一）学校德育中的校园文化建设

对于学生来说，学校是他们最熟悉的地方。校园环境和文化建设，对于学生道德品质和审美观念的培养发挥着十分重要的作用。优秀的校园文化可以成为学校的凝聚力和培养师生荣誉感、认同感的肥沃土壤，能促进学校内部团结，形成团队精神，创造和谐、向上的文化氛围。审美性的校园环境和文化建设，更强调以美学、教育学为理论基础，从审美启迪出发，运用物质和精神的力量，建构学校教育中的人文精神，激发学生对生命的感悟、对美好情感的需求、对心智和灵性的认知，从而促使学生在一种积极的审美文化的熏陶下提升自己的审美水平，促进学校教育的改善与教育水平的提高，为师生营造一个有利于教和学的良好物质条件和文化氛围。

校园环境建设是一种可见的、有形的物质文化建设，具有可识别性和固定的特点，主要包括学校建筑、学校雕塑、学校文字类的物品、校服、校徽等。它们积淀着学校的历史、传统、文化和社会价值，对学生的成长、学习和发展至关重要。一个积极良好的校园环境可以为学生提供良好的学习氛围，帮助学生养成良好的学习习惯，树立正确的价值观，激发学习兴趣，提高学习效率，培养独立思考能力，从而促进学习与实践的有机结合，提高综合素质。校园文化建设的终极目标就是创设一种氛围，以陶冶学生情操，构建学生健康人格，全面提高学生素质。什么是班级建设的形式美呢？比如整洁的教室、精心制作的充满正能量的黑板报、班级墙上的励志标语、班级角落的盆栽绿植等。这些美好的班级环境让师生身在其中时心情欢快愉悦，因不愿意去破坏这样的环境而收敛自己的行为，从而促使学生养成良好的道德品质和审美能力。

创造良好的校园文化环境，要以服务学校教育功能的需要为目标；要广泛运用经济学、社会学、生态学、地理学、心理学、美学等各学科的思想，进行全面的综合性规划；要注重校园建筑和景观的优美和谐，突出学校环境的自然美、人文美和建筑美，将自然美与人文美相融合，让学生在学习和生活的过程中潜移默化地受到美的陶冶，提高对美、对学校、对人生的热爱和认识。

（二）学校德育中的活动开展

在学校教育中，教育内容是重要的，但教育形式也很重要。好的教育形式会事半功倍，增加德育对学生的吸引力与感染力，尤其是青少年，其心理特点使得他们受教育形式的影响会比成人更明显。

所以，德育教育就是要开展各种符合学生心理特点和德育要求的活动，可以通过艺术形式开展，也可以通过社会实践、社团活动等多种方式进行。这些多彩而富有意义的活动，可以更好地帮助学生分辨善恶美丑，让学生在轻松愉快、容易接受的氛围中感受文化，净化心灵，磨炼意志，同时能促使学生积极培养自己的兴趣爱好，在兴趣中找到美的感受与美的意义，促进健康成长与发展。

学校教育仪式就是一种能对学生心灵产生深刻、持久、潜移默化感染效果的德育教育活动。例如笔者所在学校每年在高三举办的"18岁成人礼仪式"，包括家长与学生的互动交流、学生对父母的感恩信展示、学生在成人礼条幅上签名等一系列环节。这样的仪式可以增强学生的责任感和担当意识，提高他们对父母、对学校、对所有爱他们的人的感恩意识，帮助他们树立正确的世界观和人生观。教师通过精心的安排，用典礼这种仪式来增加学校教育的氛围感，让学生体会到校园教育之美，使其心灵得到感化。总之，这种美的教育形式会对学生产生更深远的影响。

教育的活动形式美有助于学生心灵的浸润和道德的升华，学校德育应该多在活动形式美上下些功夫，以达到更好的育化效果。

第三节 美学视野下的智育

智育以科学为内容，以启智为目的。在美学视野下，它实现了以美启真，将科学与美学达成了统一，实现了科学的审美创造。

一、科学美

科学美指的是科学所具有的美的形式以及这种形式与其反映的内容或揭示的客观自然规律的有机统一，是科学知识对自然规律反映中所体现的一种美的产物，展现了大自然的秩序与和谐之美。

科学美在内容上包括实验美、公式美和理论美。实验美是指科学实验设计与科学实验进行过程中的美。公式美主要指科学中的方程式、分子式等科学公式所具有的优美形式和内容的真理性。理论美是指科学史上众多理论体系所显示的美。这三种美展示了科学的理性光彩，是科学带来的美学体验。

科学美存在于哪里？首先，它存在于人类的科学发明和发现活动的对象中。物理学家杨振宁认为，自然界是有序的，我们越是研究下去，就越能理解物理学广阔的新天地。科学的美可以激发人们的研究兴趣，而人们越是深入研究，就越能发现对象本质的美。所以，从某种意义上说，科学研究过程就是不断审美的过程。整个自然界都是美的集中地。任何一个能够成为审美对象的自然现象，无疑都可能成为人类的研究对象；而一个自然现象能成为人类的研究对象，在某种意义上也可以成为人类的审美对象。其次，那些符合自然规律，展现自然美的科学理论、科学公式、科学概念，同样会让人产生美感。

科学美的标准主要体现在和谐与秩序、统一性、简单性、对称性、完备性、真理性等。科学美的这些特征对科学家的科学创造活动产生了积极的影响，使得许多科学家都相信他们的审美感觉能够引导他们达到真理。法国物理学家德布罗伊认为，在科学史上的每一个时代，美感一直是指导科学家从事研究的向导。

物理学家杨振宁对数学美的欣赏、体验促使他形成了自己的科学风格，同时他对数学美的不断研究和发现促使他进入理论物理学的对称领域。关于美的具体引导过程，李泽厚也曾分析到，科学由形式美而可以渗入对宇宙终极结构的关注和沉思，如同在技术工艺里对形式美的自由运用一样。这里便不仅是合规律性，而且还包含人类的向往、追求和超越的合目的性的要求。有人把这种美归于神或指向宗教，其实它却正是科技里的人世诗情，是科学美。

二、科学美感的培养

科学美感指的是具有科学美品质的事物在与审美主体发生作用时能够激发起人内心的愉悦感和激情感受。学校的科学课程就是学生感受科学美的重要源泉。在学习科学知识过程中，学生能够切身感受到万事万物的内在美，并激发其探究欲望，能根据科学理论的提示和启发，进行自己的再创造。

科学美感可以影响学生的创造心理和创造方向，甚至可以影响他们的精神面貌。但这种影响不是通过硬性的灌输或某种纪律约束而被动接受的，而是反复学习、领会、体验、熏陶、感染的结果。为了让学生获得科学美感，教师在智育中要积极引导学生深入挖掘科学课程内在的审美因素。比如，数学课程包含数学图形美、数学公式美、数学论证美、数学语言美。在数学教学过程中，教师需要不断引导学生去思考问题、解决问题，去体会数学中的公式美，从而提高学生对数学美的认知程度。教师若只是简单、肤浅地呈现或讲述一条定理，对于学生而言就只是无味的数字符号，形成不了思维逻辑，也埋没了数学动人的美。

教师引导学生感受科学美，不是一步到位的，而是一个循序渐进的过程。在这个过程中，首先，教师要让学生领略多姿多彩的自然美。和谐、完整与有组织性，对一切生命来说基本都是一致的。其次，教师在平时的教学中，要引导学生学会自主思考，提高其思维创新能力，培养其审美分析能力，例如分析科学理论、公式、方法等美在哪里。教师在具体科学定律的教学中也要穿插一些对简单知识的科学美的引导，让学生初步感受科学美的丰富形式。随着学生对知识的理解更加深入，他们也会对一些难以欣赏的科学审美对象产生一些美感。最后，教师要挖掘科学中的人文因素。教师既要关注科学知识本身，又必须向学生介绍科学家的事迹，让学生感受科学家的研究经历的坎坷。萨顿曾说，伟大的科学成就是罕见的，伟大的科学家更为罕见。科学家的各种思想、理论依据、实验结果都是科学家在人性上的体现，科学家日积月累形成的科学精神是人类精神的重要组成部分。中小学教师在传授自然科学知识的同时不能忘记向学生讲述科学知识背后的科学家的故事和科学家的精神，要将科学中所蕴含的审美与道德价值一并呈现给学生，让智育中的科学与人文达到一种水乳交融的状态。

三、兴趣与创造

智育是一种多元化的教育活动，要让学生对客观、深邃的自然科学知识和理性、宏观的人文科学知识有更积极深入的把握，兴趣的培养尤为重要。当今社会，人们为了培养更多的科学人才，促进科学技术的迅速发展，非常重视对青少年的兴趣教育，尤其是科学方面的兴趣教育。比如我国在广州建立了目前亚洲规模最大的、功能最齐全的科普场馆——广东科学中心，每天都吸引了大量的青少年前去参观。在那里，他们可以亲手去操作许多科学实验仪器，亲身去感受科学现象，参与有趣的科学小游戏。在这些活动中，学生不知不觉掌握了一些科学知识，对科学的兴趣也得到了培养和提升。学校组织学生去参观就是一种非常有意义的智育教育实践活动。

当然，智育作为一种多元化的活动，仅培养兴趣是不够的，但是如果在传统的教学方法之外多为学生提供机会去参加一些有意义的科学活动，在活动中培养学生对科学的探究兴趣，那么一定会对知识的传授起到事半功倍的效果。学生带着浓厚的兴趣和热情去参观学习，不仅学到了科学知识，而且激发了他们对科学进一步探索的欲望，从而获得更多的创新动力。

创造是人类用自己的智慧和能力去思考、探索、改造世界的一种特殊方式，是美感经验产生的来源。无论是人的身心的和谐、自由，还是人的生命活动的充实感、完满感，都离不开生命活动的自由创造和内在意义的表现。苏联美学家列·斯托洛维奇曾明确指出，创造作为人的优秀能力的表现，作为制作世界中新的、前所未有的东西的力量，证明人的强大和他的无限可能性，从而产生最高的享受。从审美观点看，创造是自行生长的美。从审美的角度看，创造不仅产生了独立于人和过程之外的丰富的美的事物，而且创造过程本身也是美的。创造能体现人在思想行动上的自由与创新思维，是人的一种独特的审美体现。

在学校教育中，创造性包括教师教的创造性和学生学的创造性或创新力。为了让学生得到全面发展，教师要充分地发挥自身的创造性，不断地消除各种对学生创新力发展造成阻碍或损害的因素。这些创造性都是教师和学生智慧、才华的表现。

在智育中，教师教的创造性集中体现在教育技巧上，这是教师在科学教育理念基础上形成的自身教育能力的结晶。通过创造性的教育技巧，激发学生学的创新力。这种能带来良好效果的教育技巧从某种意义上也被称为教育艺术。苏联美学家列·斯托洛维奇说过，在每个领域中出现的凡是被称得上艺术性的活动，都必定具有审美意义。所以，创造性的教育技巧是美的。

学校的创造性指的是学生从原来的通过对客观性知识被动地大量练习而求得某一结果的过程，转变为求得某一知识只是形式，而真正的意义在于实现自身创造意志的自由的历程。当然，学生创造性的学习活动也是具有审美性的。学习过程既是一种认识过程，也是一种实践过程。学生在学习过程中把学习对象看作从理论和实践两方面实现对照自身的对象时，就会发挥自身的本质力量，做到有所发现、有所创造，学习的过程和成果也就有可能成为审美观照的对象，也会感到由衷的喜悦。这样的学习过程也就有了审美价值。

根据青少年的心理特点，创造性学习活动可使他们的体力和脑力得到充分发挥，使他们在学习过程中感受到精神上的满足和美的享受。同时，创造性学习活动能够使学生在学习过程中充满创新思维，在精神上给人以寄托，为枯燥乏味的学习增添乐趣。

四、魅力与个性

在教育活动中，教师教的表现形式是多种多样的。虽然每个教师需要掌握共同的科学教育理论，遵循共同的教育规律，但作为一个优秀的教师，他还需要在教的过程中打上自己特有的印记，形成自己独特的个性，这就是教师的教育风格或教育魅力。教育风格指的是教师在自己的全部教育活动中形成的最为集中体现自己独特性的活动特征的总和。这种教育风格能吸引学生积极地参与学习活动，能更好地帮助学生掌握科学知识，并能让学生在学习中获得愉悦的感受。

教育风格有两个特点，一是持续性，二是独异性。所谓持续性指的是教育风格始终贯穿于教师的教育活动中，成为教师在具体教育活动中的共性。所谓独异性指的是教育风格体现了教师教育活动的个性，是该教师不同于其他教师的特点所在，是自身独有的优势。教师运用科学教育理论，遵循教育的客观规律，在教育过程中保持积极创新的态度，不断进行创造性的实践，最终形成自己独有的教学方式即教育风格。教育风格的形成与教师所接受的教育指导思想、教师自身的气质类型和个性特征等主观条件有关，但同时还受到一些客观因素的制约，如在整个社会中占主导优势的教学指导思想、学校的发展水平、其他教师的教育实践等。所以，教育风格的形成是个人独特性和社会普遍性的统一。

教师的教育风格或魅力主要体现在以下三个方面：一是优雅而富有魅力的言谈举止。培根曾强调，美的精华在于文雅的动作。一个具有丰富的阅历，有自己独特的认知方式和方法，有自己的思想思维，以及对人生有独特理解的教师，在对学生教育过程中才能把自己的知识储备调阅出来，供学生学习和领悟，从而使学生充满对教师的敬佩感和崇拜感，让学生由内而外地体会到美的感受。这种美的本质是教师的智慧之美，这样的教师必然拥有一个充满智慧的精神世界，对社会有深刻的理解和高度的敏锐性，有流畅、准确、幽默的语言表达能力。这些优势使他能将学生眼中缭乱复杂的现象整理得清晰有序，能向学生分析出许多别人意想不到的深刻的道理。这就是教师的外在魅力。二是富有爱心的情怀和艺术的心灵。一个有教育魅力的教师善于用自己恰当的方式把某种爱的精神和情怀表现在教育过程中。通过自己的教育行为，学生感受到爱和被爱，学生的精神世界不断得到滋养，展现出人性美的芬芳。三是具有无穷无尽的创造性。时代是不断变化发展的，知识也是不断更新的，这就意味着一位有魅力的教师，其教学活动必然有创造性和创新性。他们时时对已知的世界表现出不满足，对新事物、新问题和新经验怀有浓厚的兴趣，总能用自己富有魅力的教育方式带领学生一起在求知的征途上开拓。在这过程中，学生自然获得一种洋溢着生命活力的美的感受。

　　一位有魅力的教师会用自己独特的教学方式点燃学生的智慧，激发学生学习的热情，增强学生创造的意志，将自己的教育内容转化为学生更容易接受并且理解的内容，让学生真正理解体会到教师所教出的那种美的感受，从而发展为学生自身的美。正如苏霍姆林斯基所说，每个少年心中都藏有好奇、好钻研、渴求知识的火药，只有教师的思考才能引燃它。生活在思考的环境里，需要教师来点燃学生的求知之火。只有教师才有可能把思考的迷人性、诱人性、丰富性展示在学生面前。教师只有坚持思考，在思考中领悟更多道理，体会人生百态，才能以理服人，让学生崇拜自己，学生才能认真学习领悟，创造出更多其他的美感。因此，形成有吸引力的教育风格是每一位现代教师应当致力于达到的目标。要想达到这一目标，教师不仅要有积极创新的热情，更要努力开展创造性的教育活动。只有形成自己的教育风格或魅力的教师才有可能踏上成为优秀教师的理想之路，也才有可能走出一条留下美的轨迹的教育之路。

第四节　美学视野下的体育

一、体育和美学的关系

体育是一种和美学保持密切联系的活动。体育运动从它起源到现在都离不开美，都与美结合在一起。美是体育发展至今不可缺少的一个重要部分，这里的美包含了审美因素。

体育运动是从劳动实践中慢慢产生发展而来的。它是从最初单纯的身体锻炼到以增强身体素质为目的的转化，使人获得了身体上和心理上的健康美感，并在运动过程中培养人的道德和意志品质，促进人的全面发展。在体育运动中，人们按照一定的美的规律来塑造身体，并用美的标准来衡量体育运动的结果。例如，艺术体操、健美操、花样游泳等项目，从其运动形式看，遵循了均衡、连贯、富有节奏、多样统一的一般美学规则，具有柔韧、协调、灵巧、健美等特点。它不需要以具体情感、想象或意会为中介，而是按照美的规律塑造美的形体运动，并创造美学上新的、有价值的客体。这是一种特殊的传递信息、交流感情的方式，通过可视性的肢体语言直接调动、唤起人的感觉、情感和生命力。

体育运动可以培养健康的行为，促使良好生活习惯的养成，防止疾病的发生。体育运动的健身功能主要表现在改善心理环境和促进心理健康。身体运动可使人产生舒适和快感，对调节和消除不良情绪很有益处。随着体育活动的进行，人的身体素质和精神状态都能得到极大的改善。一方面，人的形态和机能通过体育活动实现了完善，表现出健美的身体，展现出人体自然美的特征。法国著名艺术大师罗丹认为，自然界中没有任何东西比人体更美。苏联马雅可夫斯基也认为，世界上没有任何一件衣衫比健康的皮肤和发达的肌肉更美丽。另一方面，人们在体育活动中，自身的精神获得了解放和自由。面对经过体育运动而取得身体改善和发展的成果时，人们感到欢快和愉悦；在体育过程中，人们展现了克服精神和体力障碍的意志力，通过团体体育活动提高了组织协调力，增强了规则意识。这些优良品质的产生和积极情绪的出现，体现了人不断超越自身、走向完善和全面发展的过程，也是一个奔向美的过程。可以说，体育的目的是趋向于美。

不仅体育运动本身和美息息相关，而且观看体育活动或赛事也会让人获得美的体验。希腊雕塑家米隆的作品《掷铁饼者》，极其细致地刻画了强健男子在投掷铁饼的过程中呈现的力量美感。那健美的身姿、健硕的肌肉，将人体的和谐和青春的力量表达得淋漓尽致，使观众获得审美体验和审美感受，认识到运动美感。从这些体育活动中，观赏者总能找到积极的成分，可以是健美和力量，也可以是在这种激烈对抗活动中展现的合作、竞争等，这都给人以愉悦的体验。

二、美学渗入体育教育中

我们要加强以培养新时代有为青年为目标的学校教育，在体育教育中引入美学思想，在体育教学中加强美学渗透。例如，将形体美与体育教育结合起来，体育教师可以编排一些符合学生身体特点的健美操、形体操等。这些体育活动不仅能提高学生的健康水平、增强学生的体质，促进学生身体匀称发展，还能给予学生在动作、技术、柔韧、力量等各方面以美的体验和享受，激发学生更强烈的学习兴趣，提高学习的积极性、主动性和自觉性，从而提高体育的教学质量。将美学因素融入体育教育中，主要体现在以下三个方面：

（1）体育教师要追求教态美。在中小学教育中，学生会将教师作为自己的模仿者和学习对象，所以教师在教育过程中的仪容仪表举止显得很重要，也关乎着学生的发展。因此，体育老师不仅要有熟练优美的动作技巧，而且要以自己优雅的仪容仪表去影响学生，帮助学生形成正确的体育观，使体育教育在增强学生体质的同时，促进学生德智体美劳全面发展。体育教育是一种通过身体活动而进行的教育，体育教学蕴含着身教的内容，且体育教师是身教教育的直接贯彻者。体态语言美是人的身体的动作姿势或是姿态的一种美好表达，反映人的思想情感、道德修养、聪明智慧、性格等方面的境界，是每一位教师都应具备的风范。正确地掌握与运用体态语言，无论是对教师还是对学生，都是较好的精神调节剂，能使人的身心得到全面发展。

（2）体育教师要将美渗透到教学内容和方法中。教师采用的教育教学方法应该形式多样，且教学内容富有趣味性和艺术性。童趣是青少年、儿童的正当心理需求。青少年、儿童对趣味的寻觅与追求，应被视为人类天趣的体现。体育教学中学生的童趣体现得常常更加频繁，所以作为体育教师应对此持有一种宽容、理解与尊重的态度，积极通过游戏化的体育教学，为学生童趣的展示和成长提供宽阔的舞台和肥沃的土壤。此外，体育教师要结合教学内容的特点，积极将艺术美引入体育教学中，在优美动听的音乐伴奏下，编排一些适合学生的健美操、姿态操等，再根据课程进行练习。学生在学习过程中可以体会到体育的艺术美、动作美、形式美，培养对韵律和节奏的感知力，从而提高对体育美的欣赏能力。

（3）体育教师还要创造场地器材的环境美。从体育教育的整体效果和审美教育的角度而言，良好的上课环境能够激发起学生的上课欲望，也能更好地掌握知识。因此，教师应该根据课程设定把体育上课场地整理得干净、美观，给人以美感。

第五节　美学视野下的艺术教育

一、艺术的价值

艺术的价值是现代人文学者和美学家最乐于阐述的问题之一。尼采认为，艺术和美是人生最重要的价值。在艺术的熏陶下，人的情欲得到了升华，使人摆脱了人生的烦恼和痛苦，在心灵的陶醉中感受到生命的欢乐。弗洛伊德认为，人的粗野的原始本能需要通过一种转移活动得到发泄，艺术就是这样的一种途径，借助它，人们就能寻找到内心世界中的幸福，获得精神的宁静。荣格把艺术看作是医治现代病的"一种特别的灵丹妙药"。他认为"无数同种类型的经验在心理上残存下来的积淀物"，一旦在一些伟大的艺术作品中出现，心灵就会得到一种净化和解脱，使得个体性和社会性处于一种和谐的状态。

我国美学家朱光潜认为，艺术离不开人生，艺术表现的是人内心的一种情趣，情趣来源于人本身；反过来说，人生也离不开艺术，二者是相辅相成，相互联系在一起的，不能单独出现或发展。我国美学家滕守尧指出，艺术是人类的一种基本的和经常的精神活动，也是使人类成为人类的最重要的原因之一。可见，东西方许多哲学家、美学家都积极肯定艺术对人生的重要意义，认为只有艺术才能有效地调节哲学理性、科学创造、道德伦理在人生发展中的作用，使人的精神世界的真善美融为一体，使人获得一种和谐的生存价值结构。

（一）科学的艺术化

近现代，科学和艺术的关系日益密切，出现了科学进入艺术的境界，科学逐渐艺术化的特点。两者的关系主要表现在三个方面：第一，科学世界对自然事物的了解越来越深入，不断发现自然界中的和谐美；第二，科学在经历了大分化后又进行了大综合，在实践过程中不断趋于统一，同一种科学能够解释不同系列科学中的问题，这些又促使科学的大融合；第三，科学世界的发展使得科学普及化成为必然趋势，以实现让大部分人能知晓一些科学常识为目的，因此科学需要借助于艺术的表达方式。科学的艺术化主要表现在以下四个方面：

（1）科学要求自身实现艺术化。在科学家看来，科学创造和艺术创作性质一样，不仅要运用逻辑思维，还要运用形象思维。爱因斯坦认为，科学思维中有诗的成分，不论是科学还是音乐都需要丰富的想象力。丹麦原子物理学家波尔认为，艺术方式要具备趣味性和幽默性，有利于思想交流的大融合与大发展。现在不断涌现出的文艺性科普读物，向人们普及了一系列科学知识，使得科学知识不断大众化并促使其向艺术化发展。

（2）科学从艺术领域获得新的感悟和启发。艺术具有自身独特的美感与魅力，其丰富性促使科学家创造更多新的科学。凡尔纳的科幻小说使得俄国星际理论奠基人齐奥尔科夫斯基浮想联翩，提出许多大胆惊人的设想——从宇宙飞船、人造卫星到宇宙火箭列车等。艺术思维渗入科学，推动了科学不断地发展，同时又外化为科学。

（3）科学注意用艺术激励自己。从古至今，人们都把对称看作一种美的象征，不同的文明历史都将对称运用到各个方面，如装饰的墙纸、壁画、马赛克等。著名数学家严加安曾于2018年在广州大学做了题为《数学如诗，境界为上》的学术报告，从王国维的"境界说"出发讲述数学的境界，数学与诗歌的共性，高境界数学的标准和例子等，生动地阐释了数学与艺术的关系。获得2004年诺贝尔物理学奖的弗朗克·维尔切克在名为 *Crossroads of Science and Art*（科学与艺术的十字路口）的讲座中，谈到了艺术如何通过视觉化来帮助科学，艺术与科学如何共同体现对称与繁衍的主题，以及艺术的隐喻如何体现科学概念。1909年，卢瑟福在英国曼彻斯特的一个大厅里做关于"原子重量"的学术报告时，报告的前后都安排了音乐演奏，还演唱了舒伯特的一首歌曲。

（4）越来越多的科学家有艺术爱好和艺术修养。钱学森不但在科学上成就非凡、功勋卓著，而且在艺术方面也有着不凡的见解。他非常强调科技与艺术的结合，认为科学家需要懂一些艺术知识，艺术家也要多了解一些科学知识。

（二）科学思想的美学化

在科学家们看来，真正的艺术型科学家虽然拥有深厚的理论基础，但本质是直觉和美学的，他们的创造活动表现了直觉美感的特征。许多科学家以美学思想观察、研究自然，从而发现了许多重要的科学现象。如科学家按照物理学发现的正电荷与负电荷的对称性，认为一切粒子都有其相对的反粒子，而去寻求未知的新粒子。实际上，这是自然物质的一种规律。科学思想的美学化，改变了科学思考方式，使它从一般的自然研究变成有意识的对自然中美的探求。

科学家的创造常常要从艺术中吸取灵感。科学家认识和改造自然对象的活动，是反映与评价、认知与审美、求真与臻美等多种因素的结合，是相辅相成的。科学家在对自然社会的探讨中不断积累审美的能力和经验，在遵循自然规律的前提下揭示自然的本质属性——和谐有序的宇宙格局。

在认识世界和改造世界的过程中，艺术中的形象思维和科学的逻辑思维相互作用、相辅相成、相互联系，促进科学理论的形成和发展。与此同时，艺术中的形象思维可以促进科学思维的形象组合，促进科学概念和科学关系的形成，帮助建立科学理论模型和进行科学的形象类比。所以，在学校教育中，加强艺术教育，促进艺术教育和科学教育的融合，对于学校教育的发展具有重要的意义。

二、美育与艺术教育

美育作为"五育并举"的目标之一，是学生综合素质发展的一个重要方面。美育指的是净化心灵，使思维达到新的高度，丰富精神世界，陶冶情操的教育过程，最终能够促使民族精神和民族情怀的产生与发展。我国美学家朱光潜说："在写这封信时，我和平时写信给我的弟弟妹妹一样，面前一张纸，手里一管笔，想到什么便写什么，什么书也不去翻看，我所说的话都是你所能了解的，但是我不敢勉强要你全盘接收。"①美育就是通过这种潜移默化的启迪与感化，引导学生去选择更合适的生活方式，去体验更有意义与创造力的人生。

艺术教育是美育的一部分，是以文学、音乐、美术等为艺术手段和内容的审美教育活动，主要任务是培养学生的审美观念、鉴赏能力和创作能力。艺术教育以培养鉴赏能力为主，创作能力为辅，使学生在欣赏优秀艺术品的实践中学习审美知识，形成审美能力。也就是说，艺术教育是要加

① 朱光潜.散文精读·朱光潜［M］.杭州：浙江人民出版社，2022：77.

深入们对美的感受和理解，提升对艺术的表现力和创造力，从而提高人们的整体审美水平。

（一）艺术教育促进学生综合素质的提升

通过对艺术功能的确认，我们认为对学生进行充分的艺术教育，可以有效地增加学生的审美经验，促进学生综合素质的全面提高。在现代学校教育中，学生即使将来不直接从事艺术创造活动，但他仍需要具有一定的审美艺术修养，做到美感和思维的统一。所以，在学校课程体系的建设中，艺术课程绝不应当被偏废，要将艺术课程与科学课程两者平衡起来，才能实现艺术和科学的联系和渗透，使课程的审美性趋于丰富。英国教育家赫胥黎把教育分成两类——科学和艺术。他认为教育的任务就是把科学和艺术分别或结合起来传授给学生。为了从最深刻的意义上为心灵的审美做准备，我们必须使学生不仅要受到科学教育，而且要受到广泛的艺术教育。因此，我们要努力拓展艺术教育在教育过程中的时间和空间。

此外，我们还要通过多种形式实现艺术和其他学科的融合。我国美学家滕守尧指出，在当今学校教育改革中，贴合学生全面发展的措施是将各学科从分裂的状态趋向融合发展，发展一种生态式教育。生态式教育最关键的点在于找到联系各学科融合的教学主题，也就是说各学科都能使用的主题。在课堂上，艺术要发挥核心的辐射作用。在这样的教学过程中，有了明确的主题，又有了艺术在教学中的辐射，整个教学充满了奇妙的感觉、丰富的想象和深刻的思考。这样的教育活动自然变得有趣，教师愿意教，学生愿意学。在这种教育中，学生不仅能学到应有的知识，而且学得更愉快，其人格也得到更健康的发展。

（二）艺术教育的真谛

美学家滕守尧指出，从教学美学的角度看，艺术教育自身也存在着一个教育艺术的问题。目前，我国的艺术教育普遍存在着"重技轻美"的现象，偏重单纯技巧训练，忽略了学生的审美意识、形象思维的培养，忽略了艺术素养和审美水平的提高。很多艺术学科的教师只注重技法、知识的传授，不重视精神修养的提高，将艺术教育等同于艺术科教育，显然是不可取的。事实上，艺术教育包括艺术欣赏和艺术创造活动。艺术欣赏活动可以培养学生对客观事物细致、深入和整体的观察能力，自由生动的联想和想象能力，对客观事物的美进行分析整合时展现出的一种综合思维的能力。艺术创造活动要培养学生克服困难、迎难而上的意志，培养学生行为的计划性、准确性、灵活性和一些复杂的技能技巧，使人的身心各方面处于持续的良性循环中，实现全面的提高。情感教育是艺术教育的核心。多元智能理论的倡导者加德纳指出，艺术的学习仅仅掌握一套技巧和要领是不够的。艺术是一种深度个人化的领域，学生在这个领域中将进入自己和他人的感情世界。

一种符合人类审美和人文倾向的艺术教育的建立，要以感性、审美和情感的培养代替抽象化的艺术概念和艺术技巧的传授，要恢复艺术技巧与情感维度的统一，人文价值和人文内涵的统一。在语言上，我们要运用感性的语言来表达带有提醒的感悟，用艺术的生命去感化人的生命，让人的生命去体验艺术的生命；在心理上，我们要重视通过直觉和想象来直接获得对对象的把握，充分显示艺术欣赏和艺术创造在人的发展中的作用和价值。所以，学校的艺术教育应是通过情感的陶冶来实现对学生的自由创造性能力的培养。

第六节　美学视野下的劳动教育

马克思说，劳动可以创造美，美是劳动创造的。我国美学家李泽厚也认为，人类制造和使用工具的劳动生产是物质性生产活动，它能够改造客观世界，创造出无限的美。可见，劳动和美有着紧密的联系，我们要注重劳动教育中的美学思考。

一、劳动教育的独立性

劳动教育为什么能和德智体美四育并列，成为独立一育？中共中央、国务院在 2020 年印发了《关于全面加强新时代大中小学劳动教育的意见》，明确指出切实加强劳动教育的重要性，并强调"把劳动教育纳入人才培养全过程，贯通大中小学各学段，贯穿家庭、学校、社会各方面，与德育、智育、体育、美育相融合，紧密结合经济社会发展变化和学生生活实际，积极探索具有中国特色的劳动教育模式，创新体制机制，注重教育实效，实现知行合一，促进学生形成正确的世界观、人生观、价值观"。可见，劳动教育并不是实现德智体美的中介，也不是一种能够容纳多方面要求的综合性教育。"五育并举"指的就是五种教育要同时抓，分别发展学生在不同领域的能力，提高在不同领域的价值。

在现实生活中，人的素养不是抽象的，而是有具体现象可以表现出来的，具有鲜明的时代性和突出的功用性。人的素养的获得应服务于个体，体现现实生活的需要。正如斯宾塞所认为的，教育的根本目的是为人的完满生活做准备。按照《中华人民共和国教育法》的规定，我国现阶段的教育目的是培养德智体美劳全面发展的社会主义建设者和接班人。这是与我国新时代对人才的需要相契合的。对于人而言，斯宾塞在《斯宾塞教育论著选》中说："怎样生活？这是我们的主要问题。不只是单纯从物质意义上，而是从最广泛的意义上来看怎样生活。概括一切特殊问题的普遍问题，是在各方面、各种情况下正确地指导行为使之合乎准则……总之，怎样运用我们的一切能力使对己对人最为有益，怎样去完满地生活？这个既是我们需要学的大事，当然也就是教育中应当教的大事。为我们的完满生活作准备是教育应尽的职责；而评判一门教学科目的唯一合理办法就是看它对这个职责尽到什么程度。"[①]

人的身体健康是构成人的生命存在的生理前提，而人的劳动创造则是构成人生命维系的物质保证。劳动过程是劳动者运用劳动资料对劳动对象进行加工、生产使用价值的过程。劳动者通过有目的的活动，使用劳动资料改变劳动对象、创造使用价值。它是人类生活的永恒的自然条件。人和动物的本质区别在于人是有目的地、有意识地进行劳动生产，从而满足自身对外在事物的欲望与需求，动物则不然。所以，人在自然面前获得其作为主体的能动性。可见，劳动对人来说，有独特的功能和意义。

劳动教育有其独特的意义，它是人们创造社会价值前所需培养的素养，可以提高人们处理问题的能力，提升人们的创造力。因此，劳动教育在育人体系中具有独特的目标，是和德智体美一样相对独立的一育。

---

① 斯宾塞.斯宾塞教育论著选［M］.胡毅，王承绪，译.北京：人民教育出版社，2004：11.

二、劳动教育中的审美性

审美是人体对外在事物产生的主体的感受，在认识或实践中产生的美的体验。适当的劳动能够使人身心愉悦，在思想和身体方面获得更多的自由。可见，劳动是审美的基础和来源，是创造美的重要途径。审美是劳动的理想价值形态，也是劳动教育的内在发展方向。

劳动教育单从生活中来看，多体现在一些重复的动作技巧和身体动作，对于身体而言会产生肌肉疲惫感，从而让学生由内而外地感受到累，对劳动产生一种抵触感。在学生看来，劳动就是干重活且是疲惫的。但是事实不是这样的。从某种意义上，劳动也是一种放松的技巧活动，能够改善长时间学习而带来的疲劳。故将劳动行为和劳动目的有机结合起来，会产生让学生意想不到的美的感受。所以，审美性是劳动教育的魅力所在。

人们总是更愿意去接受和实践令自己心理上愉悦的事物。当前，许多学生不愿意进行劳动，就是因为他们还没有体验到劳动给自己的身心带来的自由和愉悦。不断提高劳动教育的审美性，不仅对学生的成长有着至关重要的影响，还能培养学生吃苦耐劳的精神，其深层次意义是人格的培养。适当的劳动教育，不仅不会影响学生的学习，反而会让他们学会劳动技能，增长生活见识，还能强健体魄、磨炼意志，是一项意义深远的素质教育工程。

审美性的一个重要特点是自由和创造。在劳动教育中，教师要突出自由创造的方面，让学生可以从审美的角度进行创造性的劳动，使劳动产品成为欣赏的对象，并借此观照自己的本质力量。这样，学生在劳动中就能体验到创造的乐趣并获得精神上的满足。

三、在劳动教育中努力追寻美学的意蕴

在实行劳动教育过程中，劳动魅力的产生需要学生通过劳动审美来领略感悟，并在认识劳动意义的过程中促使自身对劳动价值的理解，从而在劳动过程中认可劳动，精神上产生愉悦和自由的感受，并在劳动之后对自己取得的劳动成果有充分的成就感。为了达到这一系列教育效果，学校的劳动教育要做到：

（一）扩充劳动美的内涵

劳动是社会发展的根本，是个人生活的必需。劳动包括体力劳动和脑力劳动，有益的劳动对个人的发展和社会的进步都有重要的意义。我们对劳动教育的理解绝不能狭隘地局限在简单的体力劳动，或类似于技艺学习、娱乐活动方面，而是包括社会公益劳动、自我服务、生产劳动、欣赏劳动等方面的教育。劳动美体现在通过劳动可以实现人与自然的关系、人与社会的关系以及人与自我的关系的和谐上。劳动是服务于自己并实现自我发展的一个重要途径。劳动美不仅需要在劳动实践中体会，也包括对劳动成果的欣赏。

劳动教育应该与其他学科的教学活动结合起来。例如，语文课堂上的劳动教育既可以是以劳动为主题，学习鉴赏和劳动有关的诗词作品，也可以是通过对一些有代表性的优秀文章的分享，引导学生体会到每一份优秀作品的诞生都离不开作者的亲身实践和精心创作，这本身就是劳动过程。优秀作品就是作者的劳动成果，体现了丰富的劳动美。艺术课堂上，教师可以通过展示丰富的艺术作品，让学生对创作者的审美观有更多的理解，促使学生不断认同劳动带来的审美感受和审美意义。劳动教育是教育者促

进学生进步和成长的实践活动，包含对学生成长和进步的期望，是一个具有审美意义的教育过程。

（二）规范劳动的形式美

人对美的体验是从外在延伸到内在的感受，劳动教育产生的美学意蕴不仅体现了劳动带给学生思想情感上的愉悦感，同时体现了劳动在外在上有美的规范。学校的劳动教育对学生而言意义重大，是培养劳动审美的重要途径。一场组织无序、效率低下的劳动教育实践活动很难让学生产生劳动的美感。所以，学校在开展劳动教育实践时，要规范劳动流程，制定合理的劳动节奏，让学生在劳动中体会到劳动的韵律之美、规范之美，使劳动美感得以充分显现。

劳动教育遵循的基本原则是多样统一。万事万物都需要在磨合中产生统一美，彼此共同促进人身的发展，让外在事物与内心感觉相契合和相适应。学校的各项教育都可以渗透劳动教育。学校在主旨不变的前提下，可以开展丰富多样的劳动教育实践活动，让学生在广阔、变化多样的教学过程中品味劳动的审美性特点。

（三）增加劳动实践的和谐性

劳动教育并不是基于课本的知识而是需要学生去亲身体会，需要学生主体、劳动对象、劳动工具相互配合。若要实现调配合理，就需要遵循劳动的一些客观规律，让学生在劳动中释放天性，增加劳动实践的和谐性。首先，我们要根据教育对象的特点来设计劳动教育的节奏和方式。在安排劳动教育课程内容时，学校要根据学生在不同年龄阶段所能承受的范围来制定，从而能够使学生在接受劳动的过程中发现劳动之美。例如，小学生对事物的认知更趋于感性，想象力丰富，充满童趣，但能力受年龄限制而偏弱，故学校的劳动教育可以通过一些手工活动、小范围的环境布置比赛、自理能力比赛等形式来进行。这些带有一定竞争性又有游戏感的活动，能让学生体会到劳动乐趣，小小的劳动成果会增加他们的审美感。其次，我们要根据学生不同时间段的身心情况合理安排劳动教育。例如，在一节有一定强度的体育课之后，因学生身体已较疲惫，这时学校安排劳动教育是不可能让学生产生美感的。所以，学校要在合适的时机进行劳动教育，才能让学生通过劳动实现身心的放松。劳动教育还要有连贯性，贯穿于学生的日常学习生活中，潜移默化地让他们形成良好的劳动行为和劳动习惯。同时，增加劳动教育的精细化，也会促进劳动实践的和谐性。

（四）创设劳动教育的良好环境

在一定程度上，环境促使外在事物的转变与发展。人是环境的产物，个体的行为会受环境的影响而改变。教育活动可以影响和塑造人，劳动教育也需要创造适当的环境。学校的劳动教育需要家庭、学校和社区之间密切合作，无论哪个方面的缺失，都将导致劳动教育效果大打折扣。所以，学校要通过家校合作、加强学校和社区的联系等方式，为劳动教育创造良好的环境，完善劳动教育体系，丰富劳动教育的实践平台，为学生提供多样的劳动体验机会。

学校要加大劳动教育的课程建设和师资队伍培养。如果不把劳动教育提升到和其他学科教育一样的地位，学生就不会重视并积极参与到劳动实践中。因此，劳动教育的课程建设显得十分重要。学校要将劳动教育课程纳入整体课程建设中去，提供充足的师资力量去支持劳动教育。教师若无法从劳动教育中感受到美，学生也一定不能从劳动中感受到美的体验。学校要不断培养教师团队，加强教师对美的体验和对美的认知，并提高他们将自身的审美体验传导给学生的能力。

学校要让学生充分地感受到劳动实践给自己带来的喜悦和美感。学校在进行劳动教育的过程中，需要教师从侧面引导，加强学生自身对劳动的体验，同时教师应多分享自身对劳动的美的感受，从而增强对于劳动本身的认同感和成就感。学校要通过多种形式的活动帮助学生展示劳动创造的成果，增加其价值感。

当然，美学视野下的"五育"建构决不能只停留在理论上，更需要通过实践去落实、去展示、去发展。所以，"创美育人"的实践活动是更重要的一个过程。

第二章 现代学校"美的教育"体系构建与实践

　　珠海市第一中学认真贯彻落实《中共中央国务院关于进一步加强和改进未成年人思想道德建设的若干意见》精神，探索适合学生年龄与身心特点的新举措，抓住关键契机，夯实主题教育，设立了十二个主题活动月，把中华优秀传统文化教育和"立德、修身、报国"主题思想落实到三个年级的修身行动中，并通过系列活动强化学生行为习惯养成教育，提高学生爱国报国的思想觉悟，提高学生自我管理能力，从而不断完善人格和品格，形成了以爱国主义教育为主线，以强化行为规范养成教育为重点，不断增强德育工作的主动性、实效性，全员、全方位、全过程参与的美育工作特色。

第一节　中华优秀传统文化教育

中华优秀传统文化博大精深，承载着中华民族的道德理想、价值观念和精神信仰，是立德树人的重要教育资源。中华优秀传统文化凝聚着中华民族自强不息的精神追求和历久弥新的精神财富，是建设中华民族共有精神家园的重要支撑。加强中华优秀传统文化教育，是为了引导青少年学生更加全面准确地认识中华民族的历史传统、文化积淀、基本国情，认清中国特色社会主义的历史必然性，坚定走中国特色社会主义道路、实现中华民族伟大复兴中国梦的理想信念。

一、中华优秀传统文化的内涵

中华优秀传统文化是指中国历史上沿袭千年的文化遗产，包含了中国哲学、文学、艺术、音乐、舞蹈、戏曲、建筑、传统医学等方面，体现了中华民族的独特风貌和深厚的文化底蕴。中华优秀传统文化源远流长，经历了几千年的沉淀和发展，其中蕴含了丰富的历史信息和文化脉络。儒家、道家、墨家、法家等多元化的哲学思想是中华优秀传统文化的重要组成部分，这些思想强调的是个人修身、社会道德、政治治理等方面的重要价值观。诗词歌赋、书法绘画、音乐舞蹈、戏曲艺术等丰富多彩的艺术形式展现了中国传统文化的独特魅力，传承了中国人民的审美理念和精神追求。中华优秀传统文化强调的是道德、礼仪、忠诚、孝道等价值观，这些价值观构成了中国人民的道德基石，引导人们的行为准则和精神追求。中华优秀传统文化的传承方式非常独特，如家风、家训等，这些传承方式将文化与人的日常生活紧密结合，使得中华优秀传统文化能够在不同的历史时期得以传承和延续。中华优秀传统文化的内涵非常丰富多彩，其历史底蕴、哲学思想、艺术形式、道德伦理和文化传承方式等方面都体现了中国文化的独特魅力和深刻内涵。

二、加强中华优秀传统文化教育的重要意义

加强中华优秀传统文化教育，是构建中华优秀传统文化传承体系，推动文化传承创新的重要途径。当今世界，文化在综合国力竞争中的地位和作用更加凸显，越来越成为民族凝聚力和创造力的重要源泉。青少年学生是祖国的未来、民族的希望，加强对青少年学生的中华优秀传统文化教育，对于培养中华优秀传统文化的继承者和弘扬者，推动文化传承创新，建设社会主义先进文化具有基础作用。

加强中华优秀传统文化教育，是培育和践行社会主义核心价值观，落实立德树人根本任务的重要基础。世界多极化、经济全球化深入发展，世界范围内各种思想文化的交流更加频繁，社会思想观念日益活跃。青少年学生思想意识更加自主，价值追求更加多样，个性特点更加鲜明，社会上一些不良思想倾向和道德行为等都会对青少年学生健康成长产生不容忽视的影响。加强中华优秀传统文化教育，对于引导青少年学生增强民族文化自信和价值观自信、自觉践行社会主义核心价值观具有重要作用。

加强中华优秀传统文化教育，也必须正视存在的困难和挑战。改革开放以来，特别是21世纪以来，中华优秀传统文化教育在培养学生良好思想品德和行为习惯，培育和弘扬爱国主义精神等方面发挥了积极作用。

加强中华优秀传统文化教育，要坚持中华优秀传统文化教育和践行社会主义核心价值观相结合，深入挖掘和阐发中华优秀传统文化讲仁爱、重民本、守诚信、崇正义、尚和合、求大同的时代价值。我们既要大力弘扬以爱国主义为核心的民族精神，又要积极弘扬以改革创新为核心的时代精神，继承和弘扬革命传统文化；既要高度重视培育学生的民族自信心、自豪感，又要注重引导学生博采众长。所以，我们要发挥学校主阵地作用，加强家庭、社会与学校之间的配合，形成教育合力。

三、珠海市第一中学中华优秀传统文化教育实践

（一）充分挖掘和利用本地优秀的传统文化教育资源，开设具有地方特色的校本课程

我校因地制宜开设岭南传统文化艺术课程，课程内容多元化，大多数项目属于具有独特审美魅力的岭南文化艺术范畴。课程包含具有地方代表性的古元木刻版画，岭南食文化周边，石溪摩崖石刻书法，岭南传统文化《英歌》，以及以珠海淇澳村白石街的革命烈士苏兆征为中心人物而创作的话剧《追寻苏兆征》。

（1）古文木刻版画。古元先生是中国著名的美术家和美术教育家。他的版画艺术源于生活，风格鲜明，是我们中华民族的宝贵文化遗产，也是岭南地区的宝贵文化遗产。作为古元先生故乡的高中学校，我校力图弘扬民族艺术传统。自2008年以来，我校先后在艺术课中开设了木刻版画教学模块、木刻版画校本课程，并成立了古元版画社团，普及版画知识，弘

扬民族艺术传统，意在摸索和总结具有鲜明地方特色和体系的高中木刻版画教学，设计出具体教程和编好系列木刻版画教材。

学校为学生创造了一个良好的学习环境，有标准的木刻版画教室，涵盖制版教室、印刷间、版画机、洗手池、展示区、储物柜等。在专业的教室里，学生可以专心创作。教师不定期组织学生寻找与生活相关的版画创作题材，版画课上指导学生完成创作画稿、转印画稿、木刻版画刻制、印刷等一整套完整工艺，传承木刻版画传统技艺。学校同时还配备专业展览室和展览走廊，用于展示学生每学期的优秀版画作品。学校多年来一直坚持开展木刻版画这个传统文化项目并取得了优异的成绩。学校多次举办了木刻版画展览和版画体验活动，在对外交流中展示出我校学生的版画作品，学生的版画作品在省、市级比赛中获得多个奖项。

（2）岭南食文化周边。此课程于2017年起开设。课程以包装设计、标志设计、书籍装帧、三维动画等的创作活动为主要表现形式，展现的内容多为岭南传统文化，是现代设计与传统文化的结合。该课程由教师带领学生主动观察身边常见的文化现象，挖掘领略珠海本地的文化如斗门水上婚礼、非遗杏仁饼、本地特色早茶等，慢慢拓展到广东甚至全国各地不同地区的传统文化，再用新兴的呈现方式将其以不同的形式展现出来，让其更符合现代人的审美，并使其永久传承。

学校配备了专业的教师，提供了完善的硬件设施，为学生创造了一个专业的富有艺术氛围的学习环境。通过数字媒体艺术设计的学习，学生了解并掌握了设计的基础知识、基本技法、艺术语言和创作过程。同时，学校还配备了专门的展览厅、展览台，用于展示学生的优秀作品。在此过程中，学生不仅提升了参与感和成就感，而且对该课程的兴趣越发浓厚，求知欲和探索欲更加强烈，从而制作出更多优秀的作品，使得课程形成了一个完整的良性循环。

该课程孕育出了许多优秀的设计作品并获得了多个全国、省、市级奖项，其中邹芳琳同学的《叹早岭南早点包装设计》获全国一等奖、王佳元同学的《祥榭轩澳门手信包装设计》获全国二等奖、余丞峰同学的《气韵东方茶叶包装设计》获全省一等奖，这些作品都是对岭南传统特色食文化研究成果的呈现。

（3）石溪摩崖石刻书法。自2010年起，学校艺术科组的教师就开始研究石溪摩崖石刻书法艺术，提升书法教学的水平。石溪摩崖石刻书法的教科研活动，不单是引导学生对于书法技能技巧的学习，也是对于古老香山文化的一种传承。在石溪摩崖石刻书法文化的熏陶下，我校摩崖石刻书法社学习氛围浓厚。在教学楼走道上以及其他公共场所，挂满了我校众多小"鲍俊"的书法作品，石溪摩崖石刻所催生的书法热，成为校园里一道靓丽的风景线。

我校石溪摩崖石刻书法社的学生还与中国航天英雄零距离对话交流。蔡卓霖、谭智方和郑乔丹三位学生，将自己的书法作品赠中国航天英雄翟志刚、刘伯明和景海鹏，表达了对中国航天英雄的敬意。石溪摩崖石刻书法课程开发之后，学生切身感受到了实实在在的香山文化，增强了爱祖国、爱家乡的情怀。

（4）舞蹈《英歌》。广东传统舞蹈《英歌》是国家级非物质文化遗产，因其展现出了豪情斗志和英雄气概且象征着吉祥平安，在民间广为流传，具有广泛的群众基础和社会基础。学校组织师生深入学习英歌文化并融合艺术特点，以鉴赏和体验为主要形式，编排出大型舞蹈作品《英歌》，并多次参加省、市级比赛，在学生群体以及社会中广泛推广，很好地弘扬了英歌传统文化。

（5）话剧《追寻苏兆征》。通过排练话剧，提醒青少年不要忘记过去，不要忘记历史，不要忘记为了和平而付出生命的革命先驱。通过观看大量的影像资料，学生逐渐了解并模仿英雄。他们从语气、步态开始，由外向内，先从人物的外部入手，一点点在人物的举手投足中，感受角色的内心世界。学生在自我陶醉的表演状态下，慢慢喜欢上所扮演的角色。创作的过程是艰辛而又漫长的，但在这个过程中学生理解了作品，传承了文化，发扬了传统。优秀的艺术作品可以永远被保存下来，其中的故事将会一直流传。他们毕生的探索和追寻是我们取之不尽的精神财富，让我们将经典传承，将传统发扬光大。

（二）将劳动教育和中医药文化有机结合，打造专项特色劳动系列课程

中医药文化是中华民族传统文化的瑰宝，凝聚着中华优秀传统文化的精髓，深深扎根于中国古代哲学思想，蕴涵了中华民族几千年的健康养生理念和实践经验，充分体现了中华文化的价值内核，是传承和传播中华优秀传统文化的重要载体。几千年来，中国传统的中医药在防治疾病、保障人们身体健康等方面发挥了重要作用。学校通过开设中药材种植校本课程，组织中药材成果展示、中医药文化实践基地研学等系列活动，推动中医药文化进校园，让学生进一步了解中医药知识，增进对中华优秀传统文化的了解和认同，培养崇尚中医、珍爱生命的观念，提升文化自信、民族自信，同时帮助学生做好职业规划，让中医药事业在学生的心里播下传承和发扬的种子。近年来，我校已有多名学生高考后选择了中医药类的高等院校。我校还被广东省中小学校长联合会评选为"中医药文化进校园"特色学校和C-STEAM项目示范基地。

（1）"百草园"中药材种植校本课程。学校依托中药材种植校本课程，打造"百草园"学生自主劳动研学基地，帮助学生了解并认识中医药文化，培养尊重自然、敬畏自然、人与自然和谐共处的理念，培养学生的民族自豪感和文化自信，提升学生的社会责任感和科学素养。

在生物科组教师指导下，学生通过在研学基地改良土壤、选种育苗，分析成败得失等一系列实践操作，了解中药材并掌握传统中药材栽培技

术。学生在中药材的种植、培育、观察中，感受到中药材之美和中华优秀传统文化之美，增强了民族自信和文化自信，并在栽培、观察的过程中体验劳动的快乐。学生通过提出问题、搜寻信息、建立假设、设计实验、检验假设等过程进行科学探究，发展科学思维。学生利用中药材进行产品设计和生产，关注自身和他人的健康，提升社会责任感。学生还通过分组讨论、团结合作完成项目，学习沟通技巧，建立同理心，形成包容、开放的态度。

学生通过完成项目报告、制作PPT、制作展板等多种方式，向同学和老师展示成果。在实践中，学生既得到了锻炼，又将理论运用于实践，为知识赋能，为学习增动力，收获满满。

（2）中药材成果展示活动。"百草园"丰收的时节，学生收获成熟的中药材，请学校食堂师傅将收获的益母草做成益母草鸡蛋药膳汤，在午餐时与全校师生分享，还将香茅草等中药材晒干并制作成香囊、标本等衍生产品。同时，学校开展"我所知道的祖国中医药文化"展示活动，学生将这些产品以及从家里带来的各种中药材进行展出。参展班级尽可能选取展示不同功效的中药材，本班展区内可布置展台、展板等。展台上可摆放碟子、玻璃瓶、礼品盒或其他自制器皿，各种类型的中药材要标明其名称、功效，以主题清晰、美观大方为主。所展示的中药材品种可以根据日常饮食中的具有食疗作用的食物或中药材方选定，也可以根据季节或节气来展示，还有班级组织与中医药相关的猜谜、药材现场拼贴画等趣味活动。参展班级展台旁边还可以播放展示中药材加工器具、加工过程等相关的视频，还有"五禽保健操""太极拳"等传统保健运动的真人配乐表演。参展各班级配专人介绍本班所展示的中药展品、活动安排。活动期间，全校师生随时都可以参观学习交流。同时，学校通过公众号进行宣传，让学生有更多的展示机会。

（3）中医药文化实践基地研学。学校依托传统中医药文化实践基地开展各种研学活动，如中医药文化展示展览、中医药科普讲坛、中药材科普种植园体验活动等。学校定期组织学生到基地开展研学活动。研学内容丰富，通过组队开展中药材辨认、配方比赛、猜中药谜语、学做"五禽戏"等活动，寓教于乐。学生热情高涨，参与度极高，在活动中收获满满。

（三）结合中华优秀传统文化开展主题学生活动

节日文化是中国传统文化的有机组成部分，对提高人们的文化素质、维护社会公德、增强民族凝聚力、加强爱国主义教育有着不可低估的作用。传承中华优秀传统文化的最好方式，就是把文化融入生活中，变成生活的一部分，成为"活"的文化。

学校作为人才培养的主阵地，要自觉肩负起传承和弘扬中华优秀传统文化的使命与责任，用中华民族创造的精神财富来积极培育和践行社会主义核心价值观，以文化人、以文育人。学校通过开展"我们的节日""经典诵读"等系列活动，寓教于乐，让学生在活动中品味中华经典、享受民俗文化，引导学生从心底认同和热爱中华优秀传统文化，加深对中华优秀传统文化的认识，坚定文化自信，增强民族精神力量。

1."我们的节日"系列活动。

（1）春节。春节是中华民族最重要的传统节日，不仅是中国人的重要节日，也是中国传统文化的象征。春节有着深厚的文化底蕴。它不仅是庆祝新的一年的到来，更是一种传承，把中国人的传统文化融入庆祝活动中，把中国的历史和文化通过活动传承给每一代中国人。

学校围绕春节辞旧迎新、团圆平安、孝老爱亲等主题，让学生在寒假期间寻找关于中华文化的优秀历史典籍，搜集"春节的由来""春节风俗""春联的起源和意义""家乡举行的风俗活动"等，开展"红色经典赏析"等活动，让学生增强对传统节日的喜爱，加深对本土文化的理解；

组织学生积极参加社区及村镇清洁卫生、环境保护和公益宣传等活动，为孤寡老人和残疾人做好事、献爱心，宣传节日文明礼仪和低碳生活知识，营造喜庆祥和的节日氛围；让学生认真记录节日生活，结合寒假作业，参加民俗活动，参加节后组织的各类评选活动，展示节日收获和感悟。

（2）元宵节。农历正月十五元宵节，又称上元节、春灯节等，是中国传统节日。关于元宵节的习俗在全国各地不尽相同，其中吃元宵、赏花灯、猜灯谜等是元宵节里几项重要的习俗。其中，猜灯谜又称打灯谜，是中国独有的富有民族风格的一种民俗文娱活动，也是从古代就开始流传的元宵节特色活动。

我校在元宵节这天举行猜灯谜活动，在校道两侧悬挂丰富多样的灯谜，与一排排鲜艳的红灯笼交相呼应，营造出喜庆、欢乐、祥和的佳节氛围。谜题内容融知识性和趣味性于一体，谜面有寓意动物、植物等的事物谜，也有结合文字的义、音、形，并通过会意、假借、运典、拆字等手法解答的文义谜。学生跃跃欲试、开动脑筋，在每个谜题下驻足，时而蹙眉凝思，时而灵光一动。猜中者兴高采烈，欢呼雀跃；猜错者毫不气馁，再接再厉。活动现场，学生各显其才，都洋溢着开心的笑容，并纷纷表示在校园里猜灯谜、闹元宵，既能丰富课余生活、启迪智慧、愉悦身心，又能充分感受到喜庆的节日气氛，了解到中华优秀传统文化的独特魅力。

（3）端午节。农历五月初五是端午节。端午节民俗经国务院批准列入第一批国家级非物质文化遗产名录，当天有吃粽子，赛龙舟，挂菖蒲和艾叶，喝雄黄酒等很多传统活动。

为了鼓舞学生士气，增强学生信心，让全力备战的高三学生适当放松心情、缓解压力，以最好的状态迎接高考，学校寓教于乐，举行了"一举高粽，为高三祝福"活动。期间，高三教学区连廊上悬挂着印着"安康""高粽"字样的粽子公仔，两侧柱子上醒目地张贴各种祝福语，寄托着学校、师长对高三学生的祝福与鼓励，也营造了浓厚的端午节日氛围和高考冲刺氛围。教室内粽子飘香、欢声笑语；学生开心地品尝家长送来的爱心粽子，还收获粽子式样的"加油打气"小礼物；教师也为学生送上高考祝福和鼓励。学生能在最后冲刺阶段感受到节日的快乐，还有来自学校的暖心关怀和老师的陪伴，增添了很多信心、力量和勇气，从而更好地在高考的考场上乘风破浪。学校希望通过活动的方式给学生减压，让其能够沉着应对，超凡出"粽"、"粽"横考场、"粽"望所归、一举高"粽"！

（4）中秋节。农历八月十五是中秋节。中秋月圆象征人之团圆，寄托了思乡思人之情，还有祈盼丰收、幸福之意，已成为弥足珍贵的文化遗产。

为弘扬中华优秀传统文化，营造节日浓厚氛围，引导学生了解并挖掘中国传统节日的文化内涵，我校开展"国安家和·情满中秋"主题活动，征集学生与其家人参加中秋民俗活动的合影以及学生创作的关于中秋节的文学作品或活动感想。古有张若虚《春江花月夜》"孤篇横绝，竟成大家"，苏轼《水调歌头》"但愿人长久，千里共婵娟"，李白《古朗月行》"仙人垂两足，桂树何团团。白兔捣药成，问言与谁餐？"今有我校学子寄情于镜头、诗歌、随想，情真意切地表达对祖国、对亲友、对佳节的美好祝愿。

2."经典诵读"活动。

经典的文化使美好的人生更加精彩，深厚的底蕴使灵动的精神得到升华。我校每学年都开展"经典诵读"评选活动。各班精彩纷呈，学生积极筹划、精心准备、认真彩排，不断完善，在活动现场或以齐诵的方式将国学经典浅吟低唱，或以舞台剧的形式将国学文化完美呈现，这些都展现了学生优秀的国学文化功底，以及热情昂扬、激情澎湃的爱国热情。学生吟诵的作品既有唐诗宋词中的经典篇目，又有如《爱国歌》《少年中国说》等近现代名篇；既有如《从军行》等慷慨悲壮的边塞诗歌，又有如《琵琶行》等低回委婉的抒情歌行体诗篇。朗诵者或豪放不羁，或婉约怅惘，或慷慨激昂，或深情款款，将诗文中的情感抒发得淋漓尽致。

《蜀道难》《将进酒》《满江红》的荡气回肠，《钗头凤》的情韵袅袅、摇曳生姿，《少年志》的意气风发、壮志豪情，等等，无一不令人拍手称绝。活动还融合了舞蹈、古筝、钢琴、葫芦丝、书法或情景剧等多种元素，带领现场的观众共同沉浸在朗诵、音乐与表演等多重魅力中，成为"戏中人"，感同"诗中情"。到场观看的家长表示，开展经典诵读活动，既可以提高我校学生自身的国学文化底蕴和素养，又展现出学生多才多艺的艺术才华，是体现我校"用美的教育造就美的新人"办学理念的重要方式。流传几千年的中国传统文化恰恰是以"人"为核心，追求人格的健康与完善，使得"经典诵读"活动能够让学生的内心充满营养、充满智慧、充满力量。美文如画，诵读如歌，在书声琅琅、书韵流香中，学生沐浴着中华优秀传统文化的恩泽。我校编排的经典诵读《盛世中华魂》《少年中国梦》《珠璨新南海 龙腾大湾区》在珠海市中小学生经典诵读比赛中都取得了一等奖的骄人成绩。

第二节　立德教育

立德教育是指以德为基础，以品德修养为核心，通过一系列教育活动，培养学生的道德素养、文化素养、思想素养、行为素养和社会素养的一种教育形式。立德教育是全面发展人的个性和全面提高人的素质的必要条件之一，是学校育人工作的重要内容之一，也是实现教育目标的关键之一。立德教育的目的是培养学生的良好品德和道德修养，让他们具备健康的心理和正确的价值观，具备自主学习、自我发展和实践创新的能力，能够适应社会的需要和发展，成为全面发展的新型人才。立德教育的内容主要包括思想道德教育、法治教育、生态环保教育、健康教育、科学教育、职业教育等。学校通过这些教育，培养学生的思想、行为和情感等多方面的素养。

一、立德教育的内涵

立德教育要求学生具备正确的道德观念，提高道德素养和自我认知，了解自己的责任和义务，成为有良好道德素养、正直诚实、有责任感的人。立德教育要求学生具备正确的价值观念，包括平等公正、诚信友善、关爱环境等方面。这些价值观念是培养有道德素养的人的必要条件。立德教育要求学生能够秉持正义、善良、宽容等道德品质，树立正确的人生观和价值观，自觉遵守社会道德规范和法律法规，成为有品德修养的人。立德教育不仅有助于学生个人的发展，也对社会的发展和进步有着积极的意义。

社会主义核心价值观是立德教育的重要内容和目标之一，是培养学生形成正确的价值观和行为规范的基础。立德教育要求教育者传授正确的价值观念，引导学生形成正确的世界观、人生观和价值观，使他们能够在日常生活中养成正确的道德观念和良好的行为习惯，具备良好的社会公德、职业道德和家庭美德。立德教育是社会主义核心价值观实现的重要途径之一。

立德教育的实施需要多方面的支持和协作，包括学校、家庭、社会等各方面的力量。学校是立德教育的主体，应该制订相应的教育方案和实施计划，提供必要的教育资源和教育环境，开展各种形式的教育活动，加强学生的道德教育。家庭是立德教育的重要场所，家长应该积极参与德育教育，关心学生的心理和行为发展，引导学生形成正确的价值观和行为规范，营造温馨和谐的家庭氛围。社会是立德教育的重要力量，应该为学校和家庭提供必要的支持和帮助，鼓励和引导学生积极参与社会公益活动，培养社会责任感。

针对高中学生的立德教育，我们需要根据学生的年龄和特点，采取相应的教育措施和方法。高中学生正处于青春期，其心理和生理相比较于小学和初中时期发生了很大的变化，需要给予特别的关注和引导。在课堂教育方面，学校可以通过思想政治课等课程来进行德育教育。在课程设置方面，学校可以增加一些具有德育意义的课程，如道德与法治、公民道德与家庭教育、社会实践与志愿服务等，通过这些课程来培养学生的社会责任感和公民意识。在教学方法方面，教师可以采用案例教学、讨论、互动等方式，引导学生主动思考和参与，培养他们的思维能力和创新能力。在课外活动方面，学校可以开展各种形式的德育活动，如讲座、演讲、德育主题班会、道德训练等，既可以增强学生的德育意识，又可以提升他们的领导能力、组织能力和沟通能力。在家校合作方面，学校可以加大家长的参与和支持力度。一方面，学校可以定期召开家长会议、开展家访等活动，与家长沟通学生的学习和生活情况，共同关注学生的成长和发展；另一方面，家长可以积极参与学校德育活动，为学生提供支持和引导。高中阶段的立德教育需要全方位的支持和协作，需要学校、家庭和社会各方面的积极参与，才能共同培养出具有良好品德和素养的新一代人才。

二、加强立德教育的重要意义

随着时代的发展和社会的进步，教育已经从传授知识转变为培养人才。立德教育通过学校和家庭的教育来培养学生的思想道德品质和行为习惯，使其具有社会责任感和公民意识。随着社会的发展和进步，立德教育已经从传授传统的道德规范和礼仪文化转变为培养学生的核心素养。立德教育旨在培养学生的社会责任感和公民意识，使他们具备正确的价值观和行为准则，能够适应社会发展的要求，为社会和国家的发展做出贡献。

立德教育的目的是培养出综合素质高、创新能力强和道德修养好的人才，从而促进社会进步和国家发展。立德教育不仅注重学生的知识和技能，更注重学生的综合素质和创新能力的培养，帮助学生全面发展。同时，立德教育还注重培养学生的道德修养和社会责任感，使学生具备正确的价值观和行为规范，成为有品德、有责任心、有社会担当的人才。

立德教育注重品德教育和道德素养的培养，使学生具备正确的价值观念、道德观念和自我认知，成为有道德修养、正直诚实、有责任感的人。

同时，立德教育也注重培养学生的综合素质和创新能力，包括知识、能力、思维、情感等方面，让学生具备跨学科的学习和思维能力，能够灵活运用知识解决问题，成为具有良好综合素质的人才。立德教育还能够促进学生的个人成长和发展，提高其竞争力和就业能力。在现代社会，学生需要具备良好的综合素质和道德素养，才能够更好地融入社会并为社会做出贡献。因此，立德教育的重要性不仅体现在国家层面，也体现在个人层面。

立德教育是一项重视个人品德、社会责任感和价值观的教育。立德教育注重学生品德的培养，使其形成诚实守信、自尊自信、勤奋努力、自立自强等优秀品德，从而让学生在成长过程中提高道德素养，具备正确的人生观和价值观。立德教育注重培养学生的社会责任感，让学生了解自己作为社会成员应该肩负的责任，激发他们的公民意识，使他们具备对社会问题的正确认知和思考能力，促使他们在成长过程中为社会做出更多的贡献。立德教育通过引导学生形成正确的价值观，帮助他们塑造正确的世界观。通过对历史、文化、人类思想的深入了解，学生能够理解世界的本质和规律，从而建立自己的世界观，能够在日后的生活和工作中正确看待世界，做出正确的选择。立德教育也注重学生的个性发展，通过启发学生独特的思维和个性化的表达方式，让学生自由地表达和实践自己的价值观和理念，从而促进学生的个性化成长和自我实现。

三、珠海市第一中学立德教育实践

作为一所以学生素质教育为核心的高中，我校一直重视学生德育教育。在社会发展日新月异的今天，尤其是在新时代背景下，学生立德教育的重要性更加凸显。为此，我校将"修身行动"作为加强学生品德养成教育的一项基础性、长期性工程。

我校的办学理念是"用美的教育造就美的新人"，培养具有良好道德素养的学生。在我校的学生培养计划中，立德教育被视为教育的重中之重。根据国家教育政策，德育是学生全面素质教育的重要组成部分。在教育发展的新时期，德育的发展应该是以学生发展为本，以人的全面发展为目标，以社会需要为导向，以实现个体价值为宗旨。

学校通过开展多种形式的爱国主义教育来培养学生的家国情怀，引导学生懂得立志报效祖国、服务人民是大德的道理；通过法治教育、志愿者服务等活动来教育学生守公德，引导学生多做对社会发展有益的事情；通过强化学生的行为习惯教育来培养学生的感恩之心、谦让之行并不断自省，从而促进学生的品德修养。同时，我校也注重将立德教育与学科教育相结合，推动学生全面发展。学校通过开展各种有益的课外活动和课程设计，提高学生的思想品德素质和人文素养，增强学生的社会责任感和创新精神。

除此之外，我校还注重与家庭、社会和学生本身的互动，形成全方位的德育教育体系。学校与家长保持密切联系，通过家访、家长会等方式了解学生在家庭中的情况，指导家长正确引导孩子的成长。我校还积极开展志愿者服务、社区服务等社会实践活动，让学生感受社会的需要，增强其社会责任感。同时，我校还积极鼓励学生自我认识、自我管理，通过心理辅导、个性化培养等措施，帮助学生全面发展，更好地适应社会的需求。

我校立德教育旨在通过多种形式的教育活动，培养学生的德育素养，促进学生全面发展。在未来的教育工作中，我们会继续积极推动德育教育的发展，让学生在品德养成上得到更好提升，为构建和谐社会、实现国家发展做出更大的贡献。

（一）课程设置

针对高中学生的身心发展特点，我校将立德、修身、报国作为高中阶段的品德教育主题，将"大德""公德""私德"三大核心内容融入高一年级的品德教育中。在课程设置上，增加了德育课程的学时，包括主题班会、课堂互动等多种形式，力求通过课程的设计和教学，全面培养学生的思想道德、社会责任和心理素质，促进学生全面发展。

主题班会课是培养学生品德素养的重要途径之一。通过主题班会课，学生可以了解到很多重要的道德观念和品德要求，比如诚实、友爱、尊重、公正等。同时，学生也可以通过课堂上的讨论、互动和活动，逐渐形成正确的价值观和品德观念。这对于学生的成长和发展是非常重要的。

立德教育不仅要求学生遵循一定的行为规范，还要求学生认识自己的内心世界，并掌握自我管理的能力。主题班会课可以帮助学生更好地认识自我，了解自己的优势和不足，同时也可以通过一些活动和角色扮演等形式，锻炼自我控制和自我表达能力。在主题班会课上，学生还可以了解到很多社会问题。通过课堂上的讨论和思考，学生逐渐了解自己应该承担的社会责任，并形成一种积极的社会意识。主题班会课可以通过一些小组活动和项目，培养学生的团队合作精神。在团队中，学生需要相互协作、相互信任，共同完成任务，这对于学生的交际能力的培养也有很大的帮助。

（二）法治教育

作为公民，每个人都应该遵守法律和社会规范。因此，我校通过法治教育、志愿者服务等活动培养学生的文明素养，强化学生的社会责任意识。我校通过模拟法庭、赴监狱开展警示教育活动、观看法治宣传片等多种方式进行法治教育，让学生更好地理解法律，并且懂得如何维护自己的权益。

高中生作为社会的一员，应该积极提高文明素养和社会责任意识。这些素养和意识的培养，有助于他们更好地了解社会的运作机制，更好地面对未来的挑战，更好地成为社会的一分子。

模拟法庭是一种基于法律教育的教学模式，可以让学生了解法律程序、审判过程和法律实践。学生可以扮演法官、律师和证人等角色，在模拟的法庭环境中进行法律辩论和判决案件，培养法律素养和辩论能力。模拟法庭活动有利于学生了解法律的普遍原则和规则，让他们更好地认识到法律对社会的重要性，提高对法律的尊重和敬畏的认识。同时，模拟法庭活动还可以提高学生的口头表达能力和思维能力，培养他们的合作精神和团队意识，促进他们的综合素质发展。

我校聘请派出所警官担任法治副校长，每学期都举行法治讲座，包含杜绝校园暴力、做遵纪守法的合格中学生、预防电信诈骗等内容。我校组织学生学习《中华人民共和国未成年人保护法》《中华人民共和国预防未成年人犯罪法》等法律法规，使学生增强法律意识、维权意识和自我保护意识。在国际禁毒日，我校开展"珍爱生命，远离毒品"的宣传教育活动。我校还开展交通法规讲座和"小交警"体验活动，安排志愿者分别在学校正门、东门、西门方向的十字路口站位守岗、指挥交通。

（三）行为规范教育

人的行为规范是个人品德的直接表现，也是社会行为规范的重要组成部分。因此，我校通过落实《珠海市第一中学学生礼仪行为规范》等制度来强化学生的行为习惯，培养有感恩之心、谦让之行、不断自我反省的学生。在课堂上和班级活动中，教师积极引导学生养成良好的行为习惯和行为规范，帮助学生在未来的生活中更好地融入社会。

感恩之心是一种美德，能够使人更加珍惜生活和感恩他人。我校通过以下三种形式培养学生的感恩之心：组织志愿活动，让学生了解社会的需要和自己的能力，了解自己的价值，同时也能够感受到别人对自己的帮助和支持，从而培养感恩之心；邀请社会各界人士来校进行感恩教育讲座，让学生了解感恩的重要性和方式，同时也可以让学生通过实际案例感受感恩的力量；要求学生每天写下自己需要感恩的事情，培养学生的感恩之心，并通过评选优秀感恩日记的方式来激励学生参与。

谦让之行是一种美德，能够让人更加懂得尊重他人和关心他人。我校通过以下三种形式培养学生的谦让之行：在学校考试中，加强考场监管，培养学生遵守规则和尊重他人的意识；组织礼仪培训、开展校园礼仪评比等，让学生了解基本礼仪规范，并培养学生尊重他人的意识；组织学生之间的互助活动，让学生感受到互相帮助的重要性，从而培养谦让之行。

自我反省是一种重要的品质，能够让人更好地认识自己，及时发现和改正自己的缺点，不断提高自己的素质。我校通过以下四种形式培养学生的自我反省意识：制定学生自我评价表，让学生每个学期对自己的学习和生活情况进行评价，反思自己的优点和缺点，并制订下一个学期的目标和计划；组织主题班会活动，让学生分享自己的成长经历和心得体会，鼓励学生自我反省和改进，同时还通过班会评比等方式激励学生积极参与；开展心理健康教育课程或开展心理咨询活动，让学生了解自己的心理状况，并学会进行自我反省和调节；建立学生成长档案，记录学生的成长历程，同时还记录学生的不足，让学生自我反省并及时改进。

（四）社会实践活动

我校有计划地建设与校内德育相配套的校外教育基地和实践点，与公安、交通、工商、卫生、文化等部门保持联系，建立共建机制，定期在校园内开展"法治、消防、交通、卫生宣传进学校"等大型活动,如组织学生参加"交通安全进社区"活动、"12·4"大型法律宣传咨询普法活动、珠海电视台重要节日庆典、慈善节目等活动。我校的一支义务讲解员队伍经常活跃在珠海博物馆,学生文艺队也常去前山社会福利中心为老人们送去欢歌笑语。古元美术馆是我校古元版画教育的实践基地。我校还组织学生参加珠海航展,组织生命科学与宇宙兴趣俱乐部成员到珠海红树林、珠海出入境检验检疫局、中山大学珠海校区参观学习,组织模拟联合国社团参加全国领导力比赛和各种模联活动。

(五)心理健康教育

我校作为全省率先启动心理健康教育的学校之一,坚持"以美的教育造就美的新人"教育理念,逐步形成以心理健康教育课教学为主,同时注重个体心理咨询、校本课程、专题讲座等系列活动的心理健康教育模式。我校在空军心理培训、职业生涯规划指导、学生多元活动结合等方面取得了一定的特色成果。

我校提出以打造"优质化、特色化、多元综合发展"为学校发展的突破口,努力提升办学品位和办学质量,促进每个学生主动发展,努力造就德智体美劳全面发展、具有社会责任感和国际视野的社会主义拔尖人才。我校提出要积极构建具有我校特色的心理健康教育课程体系,为全体师生提供高品质的心理健康教育和心理咨询服务。

目前,我校心育活动中心拥有专职心理教师6人,均拥有国家二级心理咨询师证书或广东省中小学心理健康教育高级证书。心理健康教育课程已作为必修课排进高中三个年级的课表。上课形式以学生活动和体验为主,教学内容主要涉及自我认识、人际交往、情绪管理、学习辅导、职业生涯规划等方面。心育活动中心为学生提供"电影中的心理学""从心理学看个体发展""趣味心理测验""心理学与生活"等校本课程，受到学生的喜爱和好评。

心育活动中心建立了较完善的个体心理咨询工作制度和管理规范，实行预约、咨询、记录与存档制度。心育活动中心平均每年接待来访学生和家长近500人次，努力做到规范、专业、有效。心育活动中心多次邀请校外心理专家为高三学生开展考前心理辅导讲座，指导学生如何克服考前焦虑、树立信心、从容应考。心育活动中心设立心理健康宣传橱窗，加大心理健康知识的宣传力度，在学校科普周、科技节等大型学生活动中渗透心育工作。针对不同年级学生的心理发展特点，心育活动中心自编心理健康手册，如《识别心理异常，关注心理健康》《心分享》《赢在高考"心"情》《生活中的心理学》等。

我校认真做好新生心理健康测评，每学年针对高一新生进行心理健康测评，对测评中达到预警水平的学生予以备案。网络心理测评平台为学生提供有关人格、职业兴趣等方面的测评工具，帮助学生更好地了解自我，关注心理健康。

我校积极开展心理健康教育听课、评课和课题研究，注重校内外交流学习，鼓励教师参加省、市教研活动，提升专任教师素养。同时，教师还积极参与与心理健康教育相关的多项课题研究，目前省级课题"珠海一中心理健康教育活动课实践研究"已结项。

我校将心理健康教育课程与学生发展指导有机整合，逐步实现对三个年级学生的学习指导、生活指导和职业生涯指导。我校开设职业生涯指导系列课程，邀请职业生涯教育基地专家开展系列讲座，有效运用北森职业生涯测评系统，同时为学生提供校友访谈等社会实践。我校在学生自己组织的社团和科技节中增加心理剧、心理沙龙和心理教育活动，促进学生的自我教育和身心发展。我校还通过团体心理辅导帮助青年教师释放工作压力；以家长和学校为平台，不定期开展定单式讲座，内容涉及亲子教育与心理沟通等。

对于高中生而言，他们正处在身体、心理等多方面的变化和成长中。因此，我们在进行立德教育时，注重学生的自我认知、自我管理和自我实现等方面的教育，引导学生探索自我，建立自信心和自尊心，使他们成为具有健康心态和高尚情操的人。

第三节　修身教育

　　"修身、齐家、治国、平天下"，是对《礼记·大学》中一段话的归纳，意指以个人自身修养为基础，先治理好家庭，进而实行仁政德治；治理好国家，再进而安抚和治理天下百姓，最终求得天下太平。这是中国古代儒家哲学和政治抱负的重要命题，是对"大学之道"的概括，体现了儒家思想中由个人到家庭再到邦国进而到天下的逐步递进的道德政治观。为深入学习贯彻习近平新时代中国特色社会主义思想，全面落实立德树人根本任务，切实构建德智体美劳教育体系，我校结合学生实际将"修身"教育三大核心内容"博学""仁爱""尊重"作为教育重点，帮助学生从内在的行为习惯和性格气质方面提升自己。

一、修身教育的内涵

　　"修身、齐家、治国、平天下"中，"修身"被置于首要的位置，足见自古以来人们就把提高自身修养看得何等重要。这也正是中华民族历经数千年风雨始终生生不息、不断创造辉煌的一大奥秘。

　　对于广大中学生来说，"修身"修的是道德素养，修的是人生观、价值观，修的是社会良知、人格魅力。"修身"可以增强学生对社会主义核心价值观的理解和认同，进而提升学生的民族自信心和民族自豪感，培养学生更加强烈的家国情怀。"修身"主题教育结合新时期中学生的时代特点，旨在培养学生以"博学""仁爱""尊重"为核心的理念和素养。

"博"，大通也。"博学"就是要广泛地学习，今指学问广博精深，意在倡导博采众长，追求广博的学识和渊博的学问。现代综合性大学，在专业、学科等方面都具有"博"的特点。作为中学生，他们也应打下厚实的基础，全面提升综合素质。《礼记·中庸》言："博学之，审问之，慎思之，明辨之，笃行之。"博学，学习要广泛涉猎；审问，审慎深入地追问；慎思，谨慎周密地思考；明辨，形成清晰的判断力；笃行，用学习得来的知识和思想指导实践。其中，"博学"在为学的几个层次中是首要的，只有广泛地汲取知识，才能审问、慎思、明辨，最后做到知行合一。

"仁"，是包含慈爱、宽厚、尊严、操守的品德；"爱"，是恒久的坚韧与慈祥，是包容、尊重、关切和给予的美德。"仁爱"语出《论语》，涉及礼、义、忠、恕、勇、孝、恭等多个领域，是儒家学派伦理思想的核心，其基本要义有二：一为爱人，一为与人相处之道。《说文解字》释"仁，亲也，从二人"，是说人与人的关系，友善亲和，和谐共生。孟子又曰："亲亲而仁民，仁民而爱物。"爱自己、爱亲人、爱他人，由内而外、由近至远，到爱万物、天下之爱。爱万物是仁爱的最高境界。儒家仁爱层次的秩序包含四种关系：人和自己的关系，人和他人的关系，人和社会的关系，人和自然的关系。

尊重，古语是指将对方视为比自己地位高而必须重视的心态及其言行，现在已逐渐引申为平等相对待的心态及其言行，意思是尊敬、重视。尊重出于汉代，《汉书·萧望之传第四十八》言："望之、堪本以师傅见尊重，上即位，数宴见，言治乱，陈王事。"古人云："尊人者，人尊之。"尊重是一种修养，一种品格，一种对别人不卑不亢、不俯不仰的平等对待，一种对他人人格与价值的充分肯定。尊重包括尊重自己、尊重他人、尊重社会、尊重自然，同时也包含尊重教育、尊重劳动、尊重知识、尊重人才等。尊重是我国传统美德中最基本的内容，是人际社会相处的重要原则，是个人道德和社会公德的体现。

二、加强修身教育的重要意义

修身教育是中华优秀传统文化中的重要内容之一，其目的是通过修身养性，培养学生的品德和修养，让他们成为具有高尚道德品质和人文素养的人。修身教育强调自我净化、自我完善、自我革新和自我提高，具有重要的现实意义和历史意义。在现代社会，人们对于道德素养和人文修养的重视程度日益提高，尤其是在高速发展的信息时代，修身教育的重要性更加凸显。修身教育可以帮助学生建立正确的世界观、人生观和价值观，提高他们的人文素养和思想道德水平，让他们具有自我约束和自我完善的能力。修身教育还可以培养学生的道德感和责任感，让他们成为遵纪守法、守信用、有社会责任感的公民。这样的人才不仅能够为社会做出积极的贡献，也能够在职场上获得更多的信任和支持，具有更好的发展前景。

修身教育可以帮助学生养成良好的学习习惯，如勤奋学习、自觉认真、有效管理学习时间，养成良好的学习习惯，做到有目的性的学习，努力完成学习任务，不断提高自己的学习成绩；还可以帮助学生广泛猎取课外知识，乐于求知、勤于实践、善于交流、勇于创新，从而形成健康的学习氛围，引导学生认真做事踏实做人，为将来追求更高的学历、实现人生目标打下坚实的基础。

修身教育可以培养学生成为尊重他人、关爱他人、正直、诚信、勤奋、友善、理性的优秀人才。修身教育不仅能培养学生形成正确的道德价值观，而且能帮助学生掌握正确的行为准则，不仅关爱自己，而且乐于助人，学会宽容他人，关心社会，关注弱势群体，关爱他人生命，从而使学生更加敬畏生命，懂得感恩，珍惜时间，规范自己的行为。

修身教育可以帮助学生建立更健康的人际关系，包括和老师、家长、同学和他人之间的关系，将自我、他人与社会联系在一起，培养学生相互尊重、并肩携手、共同探索未来的精神，形成良好的社会观念，促进个人与社会和谐发展，增进家国情怀，从而成为一个有责任感、有能力、有担当的人。

修身教育可以帮助学生树立集体主义价值观，通过修身行动将自我融入集体，知道自己是集体中的一分子，一言一行代表了集体，同时也在集体中提升自我、完善自我，增强自我管理、自我教育、自我服务的能力，激发他们内心的力量，促进自我发展，进而攀上人生的高峰，成为更好的自己。

博学以品德养成为先导，以个性培养为核心，以知识传授为基础，以能力发展为重点，以情感陶冶为动力，以综合素质的提高为根本。博学就是要求学生要目标远大、善学乐学，要广泛猎取、兼收并蓄、全面发展，要成为学识渊博、一专多能的复合型人才。作为中学生，他们不仅要学语文、数学、英语等必修学科，还需要学习其他各类学科；不仅要从书本中学到知识，还要从社会和他人身上汲取营养。学生通过接受科学素质和人文情怀的培养，获得可持续发展、能够涵养终身的知识和能力。

仁爱是中国五千年文化中优秀的民族精神和民族气节，仁爱教育是一种敬重生命、关爱他人、体谅他人、助人为乐的教育。我校秉承儒家"仁爱"思想的深刻内涵，寓仁爱于课程，寓仁爱于校园，寓仁爱于实践。我校将爱国、爱校、爱家有效融合，将仁爱精神落细、落小、落实，帮助并指导学生积极参与各项活动，确保活动开展的实效性。

美国哲学家约翰·杜威认为，每一个人来到世界上都有被尊重、被关怀、被肯定的渴望。学生在教育活动中领会尊重的内涵，学会如何尊重，不断提高自己的道德修养，在言行举止中展示良好的素质与涵养。学生要学会尊重自己，尊重劳动，从尊重自己的生命开始，学会自立自重自强；要学会尊重他人，从礼貌宽容待人开始，学会感恩，感谢生活，感谢帮助过自己的人；要学会尊重社会，从遵守规则开始，培养规则习惯；要学会尊重自然，从培养环保意识开始；要学会尊重知识、尊重创造，从独立思考开始，由知到行层层落实，促使学生逐步形成积极的学习情感、思维品质和行为习惯。

三、珠海市第一中学修身教育实践

修身教育秉承了我校"用美的教育造就美的新人"的办学理念，加强了我校学生品德养成教育。修身教育体现了以学生为中心，着眼于关键能力和必备品格的培养，提高了学生的人文情怀、审美情趣、批判质疑、理性思维和乐学善学等核心素养。

（一）博学活动

（1）院士学科工作室。工作室建设理念是"高端引领、成果分享、发展师生、成就梦想"。院士学科工作室旨在全面贯彻党的教育方针，落实党的二十大精神，落实全国教育大会精神，落实立德树人根本任务，探索院士与中学教育有机衔接的新机制，构筑师生成长发展的新平台，实现拔尖创新人才培养的新目标。我校聚焦拔尖创新人才的培养，致力于打造超强育人矩阵，探索创新人才的培养路径和成长平台，在基础教育领域播撒科学创新的种子，努力引导学生在中学阶段树立科学报国的理想志向，培养创新精神，提升科学素养，未来投身科技强国建设。目前，我校已成立两个院士学科工作室，分别是中国科学院汤涛院士珠海市第一中学数学学科工作室和中国科学院唐本忠院士珠海市第一中学化学学科工作室，接下来还将成立院士物理学科工作室。院士学科工作室与我校"探索院士与中学教育有机衔接的新机制，构筑师生成长发展的新平台，实现拔尖创新人才培养"的目标同频共振、交叉融合，加快推动相关学科高层次宽领域建设，同时给学生以平台的滋养、思维的启迪、成长的引领，助力学校教育高质量发展。

（2）博士讲堂。我校多年来坚持邀请北京大学、清华大学等知名高校的专家、学者为学生开展"博士讲堂"讲座，让高中生接触到更广泛的学术知识和研究领域。高中课程涵盖的学科有限，而博士讲堂可以引入新的学科或者最新的研究成果，为学生提供更多的学习机会。与博士研究生们直接接触，学生可以深入了解他们的研究领域、学术经验和研究过程。这种互动可以激发学生对学术的兴趣和热情，激发他们的好奇心。"博士讲堂"可以让学生接触到更高层次的学术思维和方法。与专家、学者零距离探讨，学生可以学习到如何进行深入的研究，如何分析复杂的问题以及如何批判性地思考和评估信息。这种学术素养的提升有助于学生的终身学习和思考能力的发展。"博士讲堂"可以为高中生提供了解不同职业领域和专业的机会。通过与专家的互动，学生可以了解不同学科的就业前景、职业发展路径以及相关的技能要求，从而更好地规划自己的未来职业道路。

（3）科技节。早在2007年我校就组建了科技创新中心。我校遵照《全民科学素质行动规划纲要（2021—2035年）》精神，把每年5月举办科技节、9月举办科普日当成创客教育活动工作的重点工作。

科技节和科普日一般有20个活动项目，为激发参与者的拼搏精神，提高项目的观赏性和娱乐性，其中的十几项活动为竞赛性活动。活动开幕式在操场上进行，有高一和高二两个年级师生、部分学生家长及外校师生近3000人参与。航模队表演、塑料桌布电吹风热气球创作与升空赛和空军飞行员心理素质拓展挑战赛等观赏性项目依次进行。观赏性项目结束，高二年级开始进行心理健康科普短剧创作与表演赛、科学实验秀创作与表演赛。高一年级在操场进行纸质电动航母模型创作与航行、航空模拟飞行、饮料瓶风扇动力车模创作与行驶、废报纸桥梁模型创作与承重、塑料油瓶皮筋动力车模创作与行驶、线控机器人格斗、线控机器人足球、线控机器人投篮、筷子投石机创作与投掷等比赛。这些活动凸显出科技品位清新、内容丰富、形式活泼，创新空间潜力巨大、奇思妙想大有用场，人人都有各自角色、全员参与得以落实，航模队表演届届出新、航空特色年年添亮，倡导绿色环保理念、大兴节俭之风等特点。

（二）仁爱活动

（1）"最美宿舍""最美教室"评选活动。我校力求让校园自然环境和人文环境体现出学校特有的文化底蕴。"最美教室"依据班级文化建设要求对教室的环境进行净化、美化，达到窗明几净、地面墙面整洁无痕、物品摆放整齐，无卫生死角，同时体现出班级的审美及文化特色。教室是学生在校园里感情最深、影响最大以及最主要的学习场所。为了给学生提供一个最直接、最有效、最重要的育人环境，也为了给每一位学生提供展示才华、发挥聪明才智的舞台，我校创造性地让全校学生共同参与年级、班级文化建设。在教师的指导下，学生自主设计的班级环境凸显出了班级特色，散发出了浓郁的文化气息，教室的墙壁变成了学生学习创造的天地。一幅幅别具特色、富有新意的班牌脱颖而出，彰显出了富有个性的班风，折射出了班级特色；室内的环境设计别有新意，名人画像、名人格言和学生书画散发出了浓郁的文化气息；"社会一角"使学生对社会多了一份关注、一份了解；"学习园地"展示了学生各类优秀作品，为学生提供一个具有创新和互动的平台，明确了前进的方向；"每月一星"肯定了学生的点滴进步，榜样作用带动了全班同学。经过几年的实践和不断完善，班级文化建设已成为我校另一道亮丽的风景线。

"最美宿舍"是按我校《学生宿舍管理制度》的卫生标准进行净化、整理和美化，达到窗明几净、地面墙面整洁无痕、床铺上下整齐干净、物品摆放规范有序的宿舍。评选以宿舍为单位，在年级范围内进行，每栋宿舍的宿管根据各宿舍的日常及评比期间的表现，按年级分男、女生宿舍各推选出一个"最美宿舍"。学生处在宿管推选的基础上进行评选，最终确定"最美宿舍"名单和等级。

"最美宿舍""最美教室"评选活动不仅能培养学生关爱他人、关爱集体的仁爱之心，促进学生自我管理能力和良好生活习惯的养成，而且营造了校园温馨的文化氛围，体现了"乐学、求真、从善、创美"的文化内涵，发挥了润物无声的滋养作用，促进了我校精神文明建设。学生用充满创意的智慧，让教室、宿舍成为温馨的家园、心灵的港湾，让有限的空间变成了无限的教育资源。

（2）社会实践活动。每逢节假日，学校发给家长一封信，内容附有家长须在告知书回执单上签字确认孩子完成家务劳动和社会公益活动情况。学生即使放假在家，学校也要将"爱他人、爱家人"仁爱精神落实到具体的感恩行动中，教育学生热爱劳动、热爱家庭，为社会做一些义务劳动。如到社区、居委会做义工，参与文明城市创建等；为父母及家人做一些家务劳动，如扫地、洗菜、蒸饭、洗碗、洗衣服等一些力所能及的体力活；因地制宜开展帮扶邻里，扶贫助老、助幼、助残、助困等公益活动。在参与此项活动的实践中，学生体验到关爱他人的同时自身价值也得到充分体现。

（3）社会公益活动。"心心相'衣'"是由我校毕业生发起的向相对贫困地区捐赠物资的爱心活动，捐赠物品有衣物、书包和文具等，每年捐赠约3000件衣物，80多个书包以及大量文具。此活动旨在减轻处于相对困境的人们的生活负担，增强学生的社会责任感，让学生尽自己的一份力量去帮助需要帮助的人。这项活动秉承我校一直以来"自主管理、自主教育、自主发展"的优良作风，更饱含着我们对于相对贫困地区的关心和支持，与祖国同胞携手奋进的责任担当。

我校还组织"新暖·心暖"义卖义演活动。活动分为志愿者募捐和义卖义演两部分。学生身着义工服，手拿募捐箱，行走在珠海的大街小巷。各社团的义卖摊位、特别"路演"节目，以及充满艺术气息的自制手工作品、特色纪念品，让市民们流连忘返。慈善义演晚会歌声袅袅，舞姿曼妙，话剧动人，武术帅气。广场上抱着募捐箱的学生也是收获满满，脸上饱含着热情，心中时刻想着为山区的孩子们奉献自己的一份力量。他们以心暖心，以小爱凝聚大爱，让每一笔善款都带着心的温度。"新暖·心暖"义卖义演活动经与珠海市慈善总会协商后将善款捐赠给广西壮族自治区柳州市马胖小学、河南省唐河县黄楼小学，主要用于修缮校园图书屋，给孩子们购买书籍及学习用品。我们以爱心打动他人，为社会传播温暖和正能量。

（三）尊重活动

（1）"爱我校园、美我校园"校园劳动周活动。为大力弘扬劳动精神，树立正确的劳动价值观，构建我校学生德智体美劳全面培养的教育体系，营造浓厚的校园劳动氛围，教育引导学生崇尚劳动、尊重劳动，充分调动学生的劳动积极性，我校组织开展"爱我校园、美我校园"活动。学生以校内园林绿化为载体，以班级为单位，对本班的包干区绿化带进行净化、美化。有的学生负责拔除杂草，有的学生负责清扫落叶，有的学生负责修剪绿化造型，在美化了校园的同时，也充分感受到劳动带来的快乐和成就感。

（2）"中药材种植"活动。我校以草本草药社团为骨干成员，依托"草药种植"校本课程，构建学生自主劳动研学基地，开展了"中药材种植"活动，帮助学生认识并了解中医药文化，培养尊重自然、尊重劳动、正确处理人与自然和谐共处的理念。学生通过在研学基地改良土壤、选种育苗，分析成败得失等一系列劳动实践操作，亲历见证中药材成长的过程，体验到了劳动的快乐。在实践过程中，生物组教师指导学生进行中药材种植，将理论运用于实践，为知识赋能，为学习增动力，收获满满，体验丰富。同时，学生将中药材种植园亲手采摘的益母草，请食堂师傅做成益母草鸡蛋药膳汤，并在午餐时与全校师生分享这一劳动成果。

（3）自主办校运会。我校学生自主办校运会是珠海市学生自主参与并主办校运会的先行者，是学生自主管理德育理念的成功实践。通过参加体育竞赛，学生懂得尊重自己、尊重对手、尊重规则。校运会由筹划到实施，全程都是学生自主负责。从运动员到裁判员，从计分员到仲裁员，全部都由学生来担任。校运会上既有运动员又有裁判员、志愿者、场地保障员等，让每位学生都有自己的角色，不仅锻炼了学生的组织能力、互相协作能力，尊重学生主体地位，同时也让运动会成为综合性社会实践活动，给学生提供了有效锻炼的好机会。这种方式有利于学校构建多层次、多角度的学生自主管理体系和评价体系，通过"自我管理、自我教育、自我服务"的历练，提高了学生的整体素质。

一个人的健康成长和成才离不开正确价值观的引领和日积月累的修身行动。修身行动中，通过"博学""仁爱""尊重"三大核心内容，我校用各种形式丰富的学生活动，培养学生优良品格，大力推行美行美德，塑造以美育人之校风。同时，学生通过修身行动深挖自我潜能，提高自我管理能力，促进自我发展，做到最好，成就美好。

第四节　报国教育

报国教育的核心思想是要让学生具备强烈的爱国情感和责任意识，从而为国家的建设和发展做出贡献。爱国是人们忠诚、热爱和奉献祖国的一种炙热情感、思想观念和知行合一。2018 年 5 月，习近平总书记在北京大学师生座谈会上指出："爱国，是人世间最深层、最持久的情感，是一个人立德之源、立功之本。"①从本源上说，爱国既是一种本分、一种情怀，更是一种责任、一种行动。新时代的中国青年要将爱国和奋斗紧密结合起来，脚踏实地做意志坚定的爱国者和永不停歇的奋斗者。

一、报国教育的内涵

今天，新时代的中国青少年正处在中华民族发展的最好时期，既面临着建功立业的人生际遇，也面临着"天将降大任于是人"的时代使命。青少年应努力提升知识水平和实践能力，以实现中华民族伟大复兴为己任，不辜负党的期望、人民期待、民族重托，不辜负我们这个伟大时代，在励

① 习近平.在北京大学师生座谈会上的讲话 [M].北京：人民出版社，2018：11.

志报国和求真实干的过程中使爱国奋斗精神真正成为内化于心、外化于行的不竭动力。

青少年要把爱党、爱国、爱社会主义的思想、情怀、责任、担当外化为行动报国。爱国是青春的底色，是青少年成长和成才的人生必修课。新时代的青少年要爱国，忠于祖国，忠于人民。青少年作为新时代最富希望、最具活力的群体，应坚持正确的政治方向，树立热爱祖国和忠于人民的远大志向，奉献祖国、奉献人民，以一生的真情投入、一辈子的顽强奋斗来体现爱国主义情怀，让家国情怀深深扎根于心灵。孟子曰："天下之本在国，国之本在家"。家国天下是中华民族传统的精神信仰，也是中华优秀传统文化的宝贵财富。

习近平总书记指出："我们要积极培育和践行社会主义核心价值观，弘扬中华民族传统美德，把爱家和爱国统一起来，把实现个人梦、家庭梦融入国家梦、民族梦之中。"[①]青少年应牢记习近平总书记的谆谆教诲，正确认识"大国"与"小家"之间互为条件、相互作用的辩证关系，认识到家庭作为构成国家这一有机体的最小单位，其命运与国家的兴衰和安危紧密相连；要发扬在家尽孝、为国尽忠的优良传统，传承良好家风，以国家、民族和家庭的共同福祉为奋斗目标，将爱国的红色基因根植于灵魂深处，在民族复兴大业中焕发精神力量，将爱国之情和报国之志融入为中国特色社会主义事业奋斗的全过程。

二、加强报国教育的重要意义

"功崇惟志，业广惟勤"，青年马克思曾立志为人类幸福而工作。毛泽东曾以诗言志："孩儿立志出乡关，学不成名誓不还。埋骨何须桑梓地，

---

① 中共中央党史和文献研究院.习近平关于注重家庭家教家风建设论述摘编［M］.北京：中央文献出版社，2021：69.

人生无处不青山。"新时代的青少年要励志，立鸿鹄志，做奋斗者。人民有信仰，国家有力量，民族有希望。要想成为合格的奋斗者，首先要在中华民族伟大复兴这一伟大梦想的精神引领下坚定理想信念，树立远大报国之志。青少年应积极对照《新时代公民道德建设实施纲要》的要求，以社会主义核心价值观筑牢理想信念之基，以民族精神和时代精神点亮信仰之光，以中国精神为原动力推动社会的文明进步，这样才能最终实现作为奋斗者的人生价值。

报国教育是一种强调国家和民族利益高于个人利益的教育理念，其重要性在于培养具有爱国心、责任感和使命感的人才，为国家和民族的发展做出贡献。在当今世界，国际竞争日益激烈，各国之间的合作和竞争都离不开人才的支撑。一个国家的强盛和发展需要有高素质、创造力、责任感和使命感的人才。因此，报国教育在现代社会的重要性不言而喻。报国教育可以帮助学生树立正确的国家观念和民族观念，培养对祖国的深厚感情和对民族文化的热爱，提高国家意识和民族自豪感。报国教育还可以培养学生的责任感和使命感，让他们愿意为国家和民族的利益而奋斗，成为具有担当和责任感的人才。

报国教育注重学生的实践能力和创新能力的培养。通过社会实践、志愿服务等方式，学生更好地了解社会和国家的现状，激发创新意识和创造力，使其能够在未来的工作和学习中发挥更大的作用。报国教育还能够促进学生的个人成长和发展。在报国教育的过程中，学生不仅要学习相关的知识和技能，尤其需要树立正确的人生观和价值观，培养自己的品德和素养。

通过追寻红色足迹，接受革命传统洗礼的方式来引导学生学党史、知党情、听党话、感党恩、跟党走，让学生感悟中国共产党人的初心和使命，认识到国家、民族和人民的利益至上，培养学生的爱国主义情感和社会责任感，进而为实现中华民族伟大复兴而不懈奋斗。

三、珠海市第一中学报国教育实践

我校将"责任""感恩""奉献"三大核心内容作为高三年级学生报国教育重点，培养学生的责任意识、感恩之情和奉献之志。通过党史学习教育、爱国主义教育基地研学等活动，学生建立了正确的价值观和世界观；通过成人礼、百日誓师等活动，学生增强了责任意识，明确了作为社会公民需要承担的责任担当；通过主题班会和团建拓展活动，学生明白了个人成长离不开家长、学校和社会的共同努力，要心存感恩，树立崇高的理想，立志做新时代青少年；通过毕业典礼、主题报告等活动，学生立志要为报效祖国而努力学习科学文化知识，树立建设伟大祖国的远大理想，未来投身社会主义现代化建设的历史伟业，为国家的科技进步和文化繁荣奉献自己的力量。

（一）党史学习教育

为进一步加强党史学习教育，弘扬党的优良传统，引领学生在学思践悟中坚定理想信念，我校充分发挥学校党群服务中心的教育作用，分批组织学生到党群服务中心参观学习。学校领导、党员教师率先垂范，充分发挥党员的先锋模范作用，走进党群服务中心为学生讲解党史。一段段文字，一幅幅图片，一个个视频，记载着中国共产党带领全国各族人民争取民族独立和人民解放的峥嵘岁月。学生沿着"伟大历程"的时间轴缓步前行，认真聆听党员教师们的讲解，耐心驻足观看，深入领略中国共产党百年发展的伟大历程，回顾革命先辈们创业奋斗的艰难足迹，真切感受着社会日新月异的变化。高科技的声光电系统等载体也为学生全方位、多样化地展示了学校发展沿革、教育成就、党建成果等，可观、可触、可互动的沉浸式精神洗礼让学生感受到：我们党的历史，就是一部劈波斩浪、奋力前行的拼搏史，也是一部全心全意为人民服务的奋斗史。通过参观，学生在接受一次次精神洗礼的同时，也加深了对国家、对中国共产党的热爱，纷纷在留言簿上写下自己对祖国诚挚的祝福，如"祝国家富强！民族振兴！""百年大党风华正茂，百年初心历久弥新"，等等，并表达了少年宏愿："为中华之崛起而读书"，"愿以吾辈之青春，护卫盛世之中华！"

我校以一堂堂生动的党史课将党史学习教育由党员教师延伸到学生，坚定学生爱党爱国爱社会主义的信念，引导他们了解党的光辉历史、感悟党的初心使命、领会党的创新理论、熟悉党的精神谱系、传承党的红色基因，为全面建设社会主义现代化国家、实现中华民族伟大复兴中国梦贡献青春力量。同时，教育学生不负党的期望、人民期待、民族重托，不负伟大时代的豪情壮志与铿锵奋斗足迹，明真理、听党话、跟党走，努力奋进，开拓创新。

（二）红色研学活动

红色研学活动通过参观爱国主义教育基地，让学生深入了解红色文化、感受红色情怀，增强学生的红色意识和民族自豪感，从而培养学生的爱国主义情感和社会责任感，同时也能够促进学生的全面发展。

我校定期组织学生前往珠海市各爱国主义教育基地接受教育。在林伟民与中国早期工人运动史迹陈列馆开展党史学习教育中，学生了解了中国工人运动著名领袖林伟民的事迹，深切缅怀革命先烈的丰功伟绩，也深切感受到林伟民烈士坚定的理想信念、奋不顾身的革命精神和艰苦奋斗的崇高品质。在杨匏安旧居陈列馆开展党史学习教育中，学生在一幅幅有关杨匏安同志的历史图片、革命事迹展板前驻足凝视，了解了作为华南地区首个马克思主义传播者杨匏安同志的生平事迹，深切感受到杨匏安同志英勇无畏、不怕牺牲的革命精神，认真学习了他对党忠诚、坚贞不渝的精神品质。在淇澳岛进行红色研学活动中，学生参观了苏兆征故居以及淇澳村村史馆，了解了淇澳村人民奋勇抵御外来侵略的辉煌事迹，感受着白石街古老的历史和苏兆征的赤诚之心与满腔热血。

在研学过程中，学生身临其境感受着先烈们对国家对民族同胞的热爱，对中国共产党有了更深入的了解，同时意识到了自身责任的重大。学生纷纷表示，作为新时代青年，作为共青团员，应该怀有强烈的爱国之心，铭记先烈，铭记历史，树立远大理想，并做出"国家放心，强国有我"的承诺和决心。

（三）航空特色教育

2009年，我校开设航模制作校本课程，成立航空航天俱乐部。该课程主要介绍航空航天科普知识和航模设计制作。在校友向我校赠送一台模拟飞行器后，校本课程内容增加了模拟飞行。2011年，我校的航空科普课程教学模式发生了重大变化。航空航天俱乐部分为两个班、一个队和一个组，分别是航模设计制作班和模拟飞行班，一个航模飞行表演队和一个课外航模创新设计探究小组。此课程模式开启之后，负责该课程的老师分别编写了《航模制作读本》和《飞行模拟器读本》校本教材。

到2016年为止，我校航空科普校本课程已经拥有了专业性较强的稳定的专职教师（航模制作老师和模拟飞行老师）和兼职教师（校外航模辅导员、定期兼职辅导的航空企业专业人士秦和军和科普顾问白力牛等专家）。我校还发挥学校优良的教学传统，积极引导和鼓励高年级的学生参与指导低年级的学生，并给高年级的学生发放辅导聘书，让学生之间有知识和经验的传承。为了课程的需要，我校花了约50万元采购航模电子设备、模拟飞行设备、航模制作室和模拟飞行室电路改造等其他航空科普相关的设备，教学资源得到了充足的保障。我校航空航天俱乐部的人数也进一步扩大，航模设计制作班达到35人，模拟飞行班达到40人。

近年来，我校每学期都在积极组织学生参加各种航空实践活动。比如航空夏令营和航空冬令营活动，我校曾先后去过西安飞机设计研究院、广州民航职业技术学院、珠海雁洲轻型飞机制造有限公司、珠海星宇航空技术有限公司、珠海保税区摩天宇航空发动机维修有限公司、珠海翔翼航空技术有限公司、中航通用飞机有限责任公司等航空企业参观学习。特别是中航通用飞机有限责任公司，我校与其保持了长期的合作，定期组织学生前去参观学习。我校还积极联系航空院校，尽可能让学生参加航空类高校科学营。

我校创建独具特色的航空航天科普室，分为航空航天发展室、飞行原理室、飞机结构室、驾驶体验室和航模制作室等。这些年，我校一直在对航空航天科普室进行更新改造，新增了飞行原理室里面的演示实验装置，对驾驶体验室和航模制作室进行电路改造，更换模拟飞行用的电脑和体验飞行的摇杆。我校每学年组织校内高一新生参观航空航天科普室。目前，该系列航空航天科普室已申请珠海市爱国主义教育基地。

我校每年都会定期邀请航空航天专家来我校进行专题讲座。比如邀请了"小鹰-500"飞机总设计师龚国政，中国新型"飞豹""歼轰7A"总设计师、大型运输机"运-20"总设计师唐长红院士，参与我国首批箭载、星载太空探测仪的设计研制和卫星轨道计算的潘厚任，空军司令部军务部原副部长兼空军招收飞行学员办公室主任、特级飞行员白力牛，航天英雄翟志刚、刘伯明、景海鹏、王亚平也曾先后到我校进行专题讲座。

（四）成人礼

为了帮助学生树立成人意识、公民意识和责任意识，培养学生敢于拼搏、团结奋斗的优秀品质，激励学生勇于承担社会责任，发奋图强、拼搏高考、报效国家，我校每年都为高三学生举行18岁成人仪式。一双双坚毅笃定的眼睛，一张张青春洋溢的脸庞，高三学生带着成年的喜悦与激动，带着决战百日、高考必胜的决心与信心，意气风发地走过象征青春与梦想、成长与责任的"成人门"。教师分列"成人门"红色地毯两侧，为学生欢呼助威、击掌加油。

在成人仪式上，校长为学生戴上刻着"砥砺奋进，青春无悔"的成人纪念章，全体高三学生手捧《中华人民共和国宪法》，向党、向祖国、向人民发出成人的誓言："我是中华人民共和国公民，我将遵守宪法和法律，拥护中国共产党的领导……"那掷地有声的青春誓言响彻会场，激扬起"以青春之我，创建青春之国家，青春之民族"的奋进力量。学生齐声朗诵梁启超先生的《少年中国说》，铿锵有力的诵读声吹响了青春奋进的号角，"为实现中华民族伟大复兴贡献青春力量"的誓言在年轻滚烫的胸膛中澎湃。各班学生代表在"成长、责任、奋斗、报国"的横幅上写下自己的成人感言，坚定信念理想，扬起逐梦的风帆，去迎战高考，去掌舵未来！

校长、教师、家长也都对学生表达出殷切希望与浓浓祝福。希望学生立志报国，把个人的理想追求融入建设祖国中，传承伟大建党精神，牢牢把握人生的正确航向，把奉献社会、报效祖国作为自己不懈的追求，为中华民族伟大复兴而不断奋斗；希望学生敢于拼搏，珍惜时光、勤奋学习，做一个奋斗者、追梦人，以"打破砂锅问到底"的钻劲、勇当尖兵敢于胜利的狠劲、只争朝夕加油干的拼劲，脚踏实地、拼搏奋斗、成就美好、报效祖国；希望学生争分夺秒，务实备考，全身心投入，有效地利用好每一分每一秒，上好每一节课、做好每一份笔记、完成好每一次考试，让每一步都成为迈向成功的奠基石；希望学生信心百倍，勇往直前，以"咬定青山不放松"的顽强毅力去征服"高考"这座高峰；希望学生在接下来的高中旅程中，以梦为马，不负韶华，用奋斗拼搏擦亮青春底色；以坚持为桨，自信作帆，用坚定步伐奔赴星辰大海。

（五）毕业礼

在毕业典礼上，校长为学生颁发毕业证书，希望学生毕业后牢记"乐学、求真、从善、创美"的校训，并以中华优秀传统文化的精髓来规范行为、陶冶心性，做到心止于善、行止于美。同时，倡议学生目含星辰，追新而行；不负韶华，追光而行；向美而生，报国而行。面临"百年未有之大变局"的新时代，希望学生用青春的力量去奋力谱写中华民族伟大复兴新篇章。一要团结奋斗、自我加压，耐得住寂寞、坐得住板凳，找到自己热爱的事情为并之奋斗。二要看到内心的真正向往和未来的无限可能，保持耐力和定力，不断地尝试、挑战，不忘初心，砥砺奋进，让个人的奋斗与时代宏图相互激荡，不断追求进步、追求创新，共同建设更强盛的国家，成就更美好的自己。三要做理想远大、信念坚定的新时代青少年，树立共产主义远大理想和中国特色社会主义共同理想，确立终生奋斗的远大目标。四要弘扬爱国主义精神，自觉把爱国与爱党、爱社会主义统一起来，将"清澈的爱，只为中国"熔铸入血脉，不断增强做中国人的志气、骨气和底气。五要坚持一份情怀，永远保持眼里有光，心中有梦，待人以宽，为人以真，少一点功利主义的追逐，多一点坚持，创造出对国家、对人民应有的价值。

第三章 "美的新人"的塑造路径

　　珠海市第一中学全面推进素质教育，提出了"以美的教育造就美的新人"的办学理念。多年来，学校坚持"高质量，有特色，现代化"办学方向和"用美的教育造就美的新人"办学理念，以"师生同心，做到最好，成就美好"的学校精神，贯彻落实"创美育人"的办学思想，全体师生共同努力开创"重德乐教，睿智恬淡，创美育美"的教风和"志存高远，自知自胜，灵动臻美"的学风，形成了"敦品励行，包容创新，至善至美"优良校风。珠海市第一中学"美的教育"，从如诗如画的校园环境延伸至创美育人的新课程体系和团结和谐的教师文化，遍布校园的每一个角落。它内涵深刻、宽广、温暖人心，培育和塑造了"美的新人"。

第一节　学生社团

学生社团是由学生自主倡议、自主管理的组织，成员通常都是对某个特定的兴趣或者活动有共同爱好的学生。比如，音乐社团可以吸引对音乐有兴趣的学生，文学社团可以吸引对文学创作和阅读有兴趣的学生，科技社团可以吸引对科技创新和研究有兴趣的学生，体育社团可以吸引对各种体育运动有兴趣的学生等。这些社团可以给学生提供一个展示自己才华、发挥潜力的平台，同时也能够增强学生的社交能力、领导能力和组织能力。

参与社团可以让学生发展和追求自己的兴趣爱好，深入研究感兴趣的领域，这有助于学生在高中阶段获得多样化的技能和专长。参加社团可以培养学生的综合能力，如团队合作、沟通技巧、领导能力和组织能力，这有助于学生在职业和社会生活中更好地适应团队。学生社团提供了与同龄人互动和建立友谊的平台，社团成员通常有共同的兴趣和目标，可以结识志同道合的朋友和共同成长，这有助于学生在社交方面发展技巧、建立支持网络，增强自信心。社团活动为学生提供了展示和发挥领导潜力的机会。学生可以在社团中担任职务，组织活动、领导团队和承担责任，这有助于培养学生的领导能力和决策能力，并在学校和社区活动中发挥积极的影响力。

一、珠海市第一中学学生社团管理

珠海市第一中学学生社团是我校学生基于共同的理念、兴趣、目标，按照自愿的原则，自发组织的学生组织。社团在校团委指导下，由校学生会社团部直接指导管理、监督和评估。

社团是学校育人体系的重要组成部分，是素质教育的有效载体，在全面提高学生素质、活跃校园文化生活等方面发挥重要作用。我校鼓励社团开展科技、文化、艺术、体育、志愿服务等活动，促进校园精神文明建设，提高学生的综合素质。社团必须遵守国家的法律法规和校规校纪，自觉接受社团部的监督、指导及管理，服从学校工作的全局安排，活动内容须健康向上，禁止举办各种违反法律法规和中学生行为规范等不健康的活动。每学年末，校团委根据各社团的组织管理，常规活动和特色活动的次数、质量、会员评价等综合因素，由社团管理部门评选出优秀社团并给予奖励。

二、珠海市第一中学特色学生社团介绍

1994年，我校第一个学生社团创立。从那时起，一中学子便踏上了探索和创造校社团文化的征程。经过二十几届学子的辛勤耕耘，我校已拥有注册社团70多个，社团文化呈现出百花齐放的局面。

（一）热浪文学社

热浪文学社是学校的第一个社团，成立于1994年。热浪文学社分为

六个小组，即写作组、审校组、文宣组、美工组、文创组、技术组，不同人才各尽其能。学生之间互相联系，共同协作完成文创产品等任务。

随着热浪文学社的发展，其知名度在市内、省内不断提升，作品多次被刊登在省内知名杂志上，多位社员获得国家级大奖。几十年来，热浪笔耕不辍，文章受到广大校内外读者的一致好评。热浪文学社致力于培养社员的人文素养、充实文化底蕴、宣扬文学之美，为学生提供了一个施展才华的平台。

（二）汉文化社

汉文化社是共青团中央学校部、全国学联秘书处和全国少工委办公室于2015年甄选的100个优秀中学生国学社团之一，也是珠海市唯一一个入选的中学社团。

汉文化社的舞蹈组通过秀丽华美的舞蹈向世界展示中华优秀传统文化的丰富内涵，手工组通过制作精巧的工艺品展现中华民族独特的工匠精神。工艺品的一针细线，呈现的不只是刺绣者的一片丹心，还有汉服、茶道、香道、礼仪、历史、汉字发展等内容，让学生领略到中华优秀传统文化的博大精深，源远流长，增强学生的民族自信力与凝聚力。

（三）保护白海豚&海洋文化社

海洋污染日益严峻，保护海洋环境，弘扬蓝色海洋文化，是每个公民的职责。保护白海豚&海洋文化社积极响应国家关于加快推进生态文明建设的战略部署，以紧跟时代步伐、实践探索真理的信念，大力开展保护海洋生态环境的相关活动。

保护白海豚&海洋文化社是一个致力于了解并保护白海豚及其生存环境的拓展社团，培养学生热爱海洋、敬畏自然的意识，以开拓创新、锐意进取的精神努力学习，为海洋生态环境保护事业尽一份自己的力量。社团曾组织成员前往淇澳岛红树林和珠江口中华白海豚国家级自然保护区参观学习，了解海洋文化，在实践中探寻海洋的意义。

（四）古元版画社

古元先生出生于珠海市香山县，在水粉、水彩、版画方面颇有建树，曾任中国美术家协会副主席、中国版画家协会副主席，其版画作品因浓郁的乡土气息、独特的民族与地域特色成为新兴版画的经典。我们怀着对古元先生无限的敬意，创立了古元版画社，传承古元精神，讲好一中古元版画社团的故事。

社团将活动与校本课程相结合，让学生从多方面了解版画，加深对版画的认识。在传承古元精神的同时，我们不忘创新，新增剪纸模块，让社团活动具有多样性，并与其他艺术类社团合作开展活动，增添社团的活力。在黑白木刻版画基础上，我们学习多色套色版画，让版画更丰富，更有冲击力。

（五）戏剧社

戏剧社从最初学生自发组织的零星小剧团发展到颇具影响的正规戏剧社团，走出了一条别具一格的艺术道路。戏剧社在校园戏剧理论及实践方面不断做出尝试，一直坚持日常表演和训练。一戏一别离，一生一悲喜，在戏剧舞台这一方小小的天地中，演绎了金戈铁马的壮丽史诗，生死相依的倾世爱恋，风雨同舟的家国情怀，家长里短的市井百态。

（六）民乐社

为了弘扬中华优秀传统文化，让更多人了解民乐，民乐社于 2010 年成立。民乐社传承着古朴悠久的文化，洋溢着青春的音符色彩，弥漫着典雅清韵的艺术芬芳。民乐社的主要活动乐器包括古筝、中阮、琵琶、唢呐、竹笛、二胡、扬琴等中国传统乐器。民乐社经常与校内其他团队合作开展义演，还代表学校参加了广东省民乐比赛。

（七）武术社

武术社创立于 1997 年，一直秉承"以武正心，以武强体"的宗旨，以弘扬武术精神为目的开展社团活动，促进习武之人之间的交流，与学武之人交流心得，提高社员的武术境界与道德修养，更好地传承武术文化，弘扬武术精神。雪白的道服、潇洒的拳法、凌厉的腿法、飘逸的身法，刀枪剑戟，十八般武艺已成为社团的鲜明标志。

（八）阳光心理社

阳光心理社旨在科普心理学并为心理学爱好者提供交流和学习的平台。阳光心理社作为一个学术性社团，不仅仅科普相关心理知识，还用别出心裁的心理游戏带领大家领略不一样的世界。

（九）信息开发社

信息开发社是以编程为核心的科技型社团，创立宗旨是让更多学生了解编程知识，并为将来可能的工作打下基础。学生学到的不是无聊空洞的理论，而是实用的知识。我校已举办过多次编程教学社团活动，欢迎所有对电脑编程、人工智能等内容感兴趣的学生参加。

（十）书画社

书画社致力于让学生了解书法与国画，并喜欢书法与国画，让中华优秀传统文化能够传承和发扬。学生以笔为剑，以梦为马，不负韶华，在宣纸上书写不一样的诗歌篇章。行草的奔放，楷隶的端庄，结构的美，个性的美，都体现得淋漓尽致。社员代表学校在各级各类书画比赛中都取得了优异成绩。

随着近年来我校社团数目的增多，社团活动内容与种类都极大地丰富起来，已然成为校园课余文化不可或缺的一部分。这些多姿多彩的社团活动，丰富了校园文化，也在促进学生身心健康和全面发展中发挥着重要作用。学生在参加社团活动的过程中，既排解了学业的压力，又在集体活动中收获了新技能和新伙伴，而社团也在一次次活动中焕发着生机与活力。

第二节　学生"三自"教育模式

教育部《关于全面深化课程改革　落实立德树人根本任务的意见》提出核心素养体系，明确学生应具备适应终身发展和社会发展需要的必备品格和关键能力，突出强调个人修养、社会关爱、家国情怀，更加注重自主发展、合作参与、创新实践。我校在教育实践中，围绕"用美的教育造就美的新人"的办学理念，建构了促进学生"自主学习、自主管理和自主发展"的"三自"教育模式，积极助力学生核心素质的培养。

一、自主学习

自主学习是指学生在学习过程中具有独立思考、自我组织、自我探究和质疑等能力，能够根据自身的学习目标、学习需求、学习兴趣和学习情境进行自主选择、安排、实施和评估的学习行为。这需要学生具备对学科知识的基本了解直至掌握，具备信息素养、学习策略、思维方法和创新意识等能力，还要具备坚持不懈的毅力和良好的道德品质。

自主学习要求学生需要清楚地知道学习的目的和意义，明确自己需要掌握的知识和技能，并据此制订可行的学习计划。学习目标可以分为短期和长期两个层面。短期目标主要针对当前学习任务，而长期目标则涉及未来的职业和发展规划等。学生需要根据自己的学习特点和兴趣爱好，选择适合自己的学习方式和方法。例如，在学习某一门语言时，有的学生喜欢通过交流和互动来学习，而有的学生更愿意通过阅读和写作来提高。学生需要积极寻找和利用各种学习资源，如图书、网络资源等。学生根据具体的情况选择不同的资源，自己动手搜集相关资料，这也是一种自主学习的方式。课堂教学是学生自主学习的重要环节之一。学生在听讲的同时，可以通过提问、讨论和分享等方式积极参与课堂教学，深入理解和掌握知识点。学生要及时反思和评估自己的学习效果，并适时进行调整和改进。评估学习效果可以采用量化和非量化两种方式，如考试成绩、作业质量、口语表达能力等。

在具体实践和应用方面，我校积极探索各种有利于实现学生自主学习的方式，引导学生在教师的指导下开展一系列自主学习活动。在教师指导下，学生自主制订学习计划，如制订每日、每周或整个学期的学习计划，安排好每天的学习时间。同时，学生要注意调整学习计划，对于出现的问题，及时进行修正。在教师的指导下，学生可以结合自己的兴趣爱好和学习需要，选择适合的参考资料，避免盲目跟风和浪费时间，从而提高阅读效率和质量。学生可以通过探索和总结，找到适合自己的学习方法和技巧，如归纳总结、图表法、口诀法等，以提高学习效率。学生可以采用多种角度思考问题，如分析、比较、归纳、演绎等，从而拓宽解题思路和提高逻辑思维能力。学生可以将所学的知识结合实际，综合应用，如制作PPT、撰写论文、研究课题、参与社会活动等，从而提高知识灵活运用和创新能力。

将老师教、学生听的被动学习方式，改为更加主动的自主学习模式，充分调动学生学习的内驱力；将学生渴望学、老师愿意教的氛围渲染在校园的每一个角落。从正常的日常课堂教学，到各个科目不同的分类活动和研究研学，从每个学年必需的研究性学习，到日常课后实验室里的积极探索，自主学习有效提升了学校的学习氛围，极大提升了教育教学的质量。

我校通过"学生成长导航平台""感动一中"人物评选和颁奖晚会颁奖词的撰写等评价呈现方式，引导学生关注自己的成长经历及内心体验，注重评价信息的反馈，充分发挥其诊断激励和改进的功能，引导学生通过自主学习来实现自我发展。

二、自主管理

自主管理是指学生能够自主遵守和执行学校的规章制度，自觉维护班级和校园的秩序，始终保持良好的行为作风和道德品质，并以此为基础实现学习、生活和自身发展等目标的过程。

自主管理要求学生认真学习和理解学校的规章制度，并按照要求自觉遵守。这既包括对上课迟到、早退、逃课、打闹等行为的规范管理，也包括对安全教育、消防、环保和卫生等方面的规定和注意事项。学生需要积极参与和组织班级及校园活动，加强班级和校园文化建设及精神文明的提升，增强归属感和责任感，可以通过开展志愿服务、制定班规班约、组织文艺晚会等方式来实现。学生需要以良好的行为作风和道德品质为基础，树立正确的世界观、人生观和价值观，可以通过加强文明礼仪、崇尚劳动、积极进取、勤奋向上等方面的培养来实现。学生需要对自己的言行和行动进行纪律管理，形成独立思考、自我约束和自我监督的能力，可以通过制订个人学习计划、合理安排时间、加强自我反思和评价等方式来实现。学生需要不断增强自己的规律意识和规律思维能力，可以通过参加各种社会实践、科技创新、研学等项目来实现。

我校通过制定明确的班规班约、作息时间和任务等方式，帮助学生养成良好的自我管理习惯，培养自我管理意识。我校建立了学生自我管理模式，以校团委带领校学生会，下设三个年级团总支，组织相关的学生自主检查、自主纠正、自主评比等，进一步强化学生自主管理的意识，积极探索自主管理的更好方式。学生积极参加学校组织的社区志愿服务活动，如义务劳动、环境保护、卫生清洁等。我校多年来一直组织"3G环保回收""各种宣讲入社区""老年公寓送爱心"等一系列社区公益志愿活动。学生自主寻找活动目标，自主撰写论证活动计划，自主联系活动相关方，自主完成活动各方面准备，自主组织并参与活动，自主进行活动总结宣传等，基本实现了学生活动的全过程自主管理。

为实现学生自主管理模式，加强学校教育教学管理的效果，切实增强学校各项管理规范有序，我校制定了常规一日自主管理方案，学生从早上起床到晚上就寝的全过程实现自主管理。学生起床离开宿舍楼前往餐厅用餐，宿管部协助宿管员开展部分宿舍相关检查，并将检查结果报年级团总支；各班组织本班学生清理相关责任区域及教室的卫生；各班纪律委员负责维持好教室内的秩序，保证早到教室的学生有良好的学习环境；各年级卫生部组织对各班卫生打扫情况进行检查并登记，报当日负责检查学生处汇总，汇总表交至年级团总支；各班各科课代表做好作业收发工作；各班早读科目课代表做好早读前准备。上课期间，纪检部对大课间学生到位和参与情况进行检查，报年级团总支；学生垃圾分类志愿服务队在餐厅指引用餐完毕学生分类规范投放垃圾；各年级学生宿管部协助宿管员进行午休检查，结果报年级团总支；各年级纪检部对教学楼区域各班准备上课情况进行检查，提醒各班同学做好上课准备，维持好教学区秩序；各年级生活部对眼保健操进行检查，结果报年级团总支；体育部组织各班进行相关体育活动；在本年级跑操当日，纪检部负责检查各班到位及参与情况；学生图书馆义工协会组织相关学生做好图书馆相关书籍整理、管理等工作；学生社团部负责组织各社团有序开展社团活动；学生会各部门负责开展学校的各项课外活动；学生宿管部协助宿管员进行学生晚就寝检查，并将检查结果报年级团总支处。

学生自主管理有效提升了学生的积极性，这些措施也提升了学校的教育教学管理效果，让学生充分认识到管理对学校教育教学质量提升的重要作用。

三、自主发展

自主发展是指学生在思想、心理、身体、艺术、实践等方面具有自我认识、自我实现和自我完善的能力，能够发挥自己的优势和特长，充分发掘自身潜能，根据个人兴趣和志向合理选择职业方向和求学途径，从而在未来的人生道路上走得更加坚定和自信。自主发展需要学生具备综合素质、多方面的综合能力和对未来的清晰规划和展望能力等。

学生需要了解自己的性格特点、兴趣爱好、弱点和优点等方面的信息，以便更准确地确定自己的发展方向和目标。这些信息可以通过心理测试、问卷调查、交流和观察等多种途径来获得。学生需要根据自己的认知和理解，制订符合自己能力的发展计划，并逐步完成计划中的目标。这包括学业水平的提高、社会实践经验的积累、科技创新能力的培养、艺术素养的提升等方面。学生需要不断反思和评价自己的行为和表现，总结经验和教训，以便更好地调整和完善自己的发展方向和计划。这可以通过日志、口头和书面反馈等方式来实现。学生需要积极参与各种社会实践、科技竞赛、艺术展示等活动，不断拓宽自己的视野和领域，提高自己的综合素质和创新能力。这要求学校要注重多元发展和全人教育，避免过度强调某一方面的成就。学生需要通过实际行动来验证自己的规划和理念，并对自己的实践进行评估和管理，从而帮助自己不断提高和进步，这可以通过各种参与实践项目、作品展示、交流和互动等方式来实现。

在具体实践层面，学生通过调查、分析和反思，找到自己的兴趣、能力、价值观等方面的特点，制定符合自身条件和未来职业的发展目标，并采取具体行动去实现这些目标。我校通过霍兰德职业测试、MBTI职业测试等方式帮助学生自我分析，帮助学生更好地了解自我发展目标。学生通过各种途径搜集相关职业信息，了解未来职场需求和趋势。我校成立职业教育研究团队，对各种职业的各种信息进行搜集整理，邀请知名学者、行业精英、优秀毕业生等多角度、多维度向学生提供职业信息。学生通过各种途径积累知识，如领导力、团队协作、沟通表达、创新思维等，为未来职业生涯的发展奠定基础。学生充分利用学校、家庭和社会资源，积极参加各种实践活动，如社区服务、企业实习、学术研究等，提高实践能力和实际运用能力，为将来的工作和生活积累经验。学生通过合理安排时间、掌握学习方法、增强执行力等，培养自我管理和自我调节能力，为未来的发展打下坚实的基础。

秉承"用美的教育造就美的新人"的办学理念，我校校运会自2003年开始由学生自主筹划、自主举办。组委会主任、副主任均由校学生会全体委员推选和民主表决产生，完全自主筹组赛事安排、会风会纪、场地规划和晚会安排等内容。每届校运会都有主题、会徽、会歌和吉祥物，这些全部由学生设计。学生会各部门全体成员辛勤工作、默契配合，出色地完成了赛事策划、后勤规划、种类繁多的游戏、五彩缤纷的摊位售卖，以及校运之夜的精彩晚会和游园活动。这些项目体现了我校学生丰富的想象力、创造力和优秀的组织能力。我校开放了由学生自主管理的电子阅览室，这里既是学生遨游知识海洋的新天地，又是锻炼能力、挑战自我的新战场。我校每年举办一届科技节和艺术节，通过开展大型科技竞赛和各类表演，为学生搭建一个展示科技创新精神、实践能力以及其他多种才艺的平台，旨在激发学生爱科学、学科学、讲科学、用科学的热情，进一步提高学生科学素养、创新创造能力，促进文明校园建设。

四、珠海市第一中学"三自"教育模式的成效

"三自"教育模式的提出和实施，有效提升了学生的管理参与感和积极性，同时增强了相应管理的效果和维度，既在管理方式上体现了以学生为主体的思想，又在管理效果上提升了管理的科学合理性和弹性，让学生自己形成规范意识并自觉遵守管理要求，逐步形成良好的校园风气。

学生代表大会是学生有序参与学校学生民主管理的实践平台。学生代表大会是在校团委领导下，通过一定的组织形式，让学生有序参与校园民主管理。学生代表大会的代表是通过学生民主选举产生的，代表学生参加学生代表大会，审议学生会过去一年的工作报告，选举产生新一届学生会的干部，直接行使参与学校民主管理的权利。

（一）校学生会直属部门

秘书处：负责各项活动联系、嘉宾接待和后勤管理工作，各类稿件撰写与校团委公众号运作，学生会例会组织、档案整理、会议记录、各大活动筹备时的沟通协调工作。

社团部：负责社团和活动室的日常活动管理，演出的前期工作、后台管理和舞台控制。

信息部：负责管理和经营梦翔电视台，校园活动的拍摄记录和前期宣传，学生会官方微博、微信的运营，广播电台每日的课间通知和节目放送，升旗仪式以及活动的主持等。

实践部：策划和筹备"雷锋月""新暖·心暖"慈善义卖义演晚会等各类社会实践活动，管理青年志愿者协会运作，在校运会等大型活动中开

展赞助招商和经贸管理工作。

礼仪队：参与每周一早晨升旗仪式，"感动一中"颁奖晚会、"我是冠军"颁奖晚会的颁奖工作。

红十字会：负责赛事中的医疗救助，组织策划"为高三喊楼加油"活动，为我校学生做医疗急救的培训。

国旗队：负责每周一早晨升旗仪式，大型活动中的升降旗以及各类旗帜方阵。

图书馆义工协会：负责校图书馆书籍的整理工作。

（二）年级学生分会部门

生活部：负责检查眼保健操、管理食堂和处理大、小卖部的投诉。

纪检部：负责日常及大型活动中纪律的检查，如跑操、出勤情况等。

组干部：负责学生会资金的管理、常规部门工作的监督、学生投诉的处理。

宿管部：维护每天晚上就寝的纪律，各大活动时与纪检部一起维护纪律。

卫生部：负责日常及大型活动中卫生检查。

体育部：筹办校运会，承办篮球赛、排球赛、足球班赛、校际杯等赛事，协办珠港澳台精英高中足球邀请赛，同时也是科技节、科普日等大型科普活动的牵头部门。

学习部：负责"校运之夜"的星尘游戏策划，以及学习经验分享交流活动、知识竞赛的组织等。

文娱部：负责珠海市第一中学演出活动的台前幕后工作，在舞台后操控声与光，以便呈现良好的舞台效果。

宣传部：负责学校宣传栏的管理，周一升旗仪式演讲，大型活动或节日的展板绘制。

在学生会例会上，各部门负责人相互交流、相互沟通，以保证这个集体的有序运作，确保各大小活动的顺利举办。在纪律方面，让学生参与到纪律管理中来，一方面约束学生的纪律性，同时也反思自己的所作所为是否符合管理要求，自然地将我不得不遵守纪律变成我要自觉遵守纪律，这样既提升了学生管理的效果，又达到了更好的教育养成目标。在卫生检查方面，让学生自主参与到卫生检查管理中来，一方面彻底解决了卫生死角问题，另一方面学校和班级的环境始终保持在一种干净的状态下，让广大师生始终可以在干净的环境下工作学习，效率都大大得到了提升。在活动组织方面，让学生自主参与到各项活动的组织管理当中，大到校运会、科技节、大型展演等，小到社团舞蹈排练、辩论赛等，全部都由学生自主管理、组织。在筹备大型活动时，校学生会提前自主安排若干项目负责人。以校运会为例，在校运会筹备工作之初，就分成开闭幕式、赛事、晚会、游园、摊位、风纪六个组委，分别负责校运会的开、闭幕式设计，赛事组织安排和裁判培训，"我是冠军"颁奖晚会的举办，校运会游园之夜的设计安排，校运会期间社团摊位展示的统筹与安排，以及整个校运会期间的各项纪律检查工作等。在整个筹备过程中，所有教师都只进行相关指导，具体的工作全部由学生自主完成，极大地调动了学生的参与感和积极性。

体育节一直以来在学生中具有很高的口碑，每年体育节举办期间，学生都以极大的热情投入活动中。学生在和社团、校外工作人员、校领导等的协调沟通中，既锻炼了社交能力与统筹能力，又践行了对美育理念的崇高追求。通过"三自"教育模式，学生在活动中成长，在成长中受到教育，在教育中磨炼能力，在能力提升中进一步强化教育的维度和效果。

第三节　导师制育美与成美

高中学校导师制的起源可以追溯到20世纪初期的美国。当时社会上出现了大量不合格的教师和学生辍学率居高不下的现象，为了解决这一问题，美国的一些学校开始引入导师制度，为每名学生分配一名导师，以提供更加全面的学术、职业和心理辅导。随着时间的推移，导师制度在美国的初中和高中逐渐得到普及，成为教育改革的重要组成部分。随着导师制度在学校中的应用不断深入，相关理论和实践经验也得到了积累和总结，导师制已经成为一种行之有效的学校管理模式。在其他国家和地区，如英国、澳大利亚、加拿大、新加坡等，也开始引入高中学校导师制，并在此基础上形成了各自的特色和经验。在我国，高中学校导师制日益普及，并成为提高教育质量和促进学生全面发展的重要手段之一。

一、班主任制与导师制

班主任制和导师制是两种不同的教育管理模式，虽然它们都是针对学生的管理和服务，但是它们之间依然存在不同之处。班主任制是以班级为单位，负责管理和服务该班学生，主要是班级管理和学生生活管理；而导师制是以个人为单位，导师负责指导和关注特定的学生，主要是个性化服务和成长指导。班主任制是一种集中式的管理方式，班主任会对全班学生进行统一管理，主要包括课堂管理、考试管理、纪律管理、活动组织等。而导师制是一种分散式管理方式，导师会对自己负责的学生进行个性化服务和指导，主要包括学习指导、职业规划、人际关系、领导能力等方面。班主任制的目的主要是维护班级秩序，促进学生全面健康发展，提高班级整体素质。而导师制的目的则是为学生提供更为个性化、专业化的指导和服务，帮助学生实现个人成长和职业发展。班主任制的服务内容主要是围绕学生的生活管理和班级管理展开，包括生活指导、情感关怀、矛盾调解等。而导师制的服务内容主要是为学生提供个性化的学习、职业、人际等方面的指导和支持，帮助学生全面发展。虽然两者都是为学生提供服务和管理，但是导师制更加注重个性化服务和发展指导，可以帮助学生更好地实现个人成就和职业发展。

导师制和班主任制各自具有不同的特点和优势，将这两种制度结合起来，可以形成更加完善的教育管理体系，实现更全面、更有效的教育服务。一方面，导师制和班主任制可以相互补充和协调。班主任制主要关注班级管理和学生生活，而导师制则更加注重学生的个性化指导和发展。班主任可以根据学生的情况，向导师提供更加具体的学生信息，导师则可以根据班主任提供的信息，为学生提供更加个性化的服务和指导。另一方面，导师制和班主任制也可以相互促进和提升。导师制强调的是学生的个性化指导和发展，而班主任制则更加注重班级的整体素质和学生的全面发展，将这两种制度结合起来，学校可以实现全方位、多层次、多维度的教育服务和管理，更好地满足学生的需求和期望。在实际操作中，学校可以通过建立班级导师制，即班主任与导师相结合的管理模式。班主任负责班级整体管理和学生生活指导，同时也会根据学生情况为其推荐相应的导师。导师则会对推荐的学生进行个性化指导，为学生的学习和职业生涯规划提供更加专业的指导。这种结合模式可以使学生得到更全面、更细致、更有效的管理和服务，帮助学生实现更加全面的发展。

二、导师制

导师制是一种基于人际关系和个性化服务的教育模式，旨在帮助学生实现全面发展和个性化成长。导师制可以为每位学生提供个性化的发展方案，了解学生的特点和需求，提供适合他们的个性化指导和建议。导师可以帮助学生发现自己的优势和不足，规划未来发展方向，鼓励他们在学习、生活、职业规划等方面全面发展。导师制可以为学生建立良好的人际关系，建立和谐、互信、互帮互助的师生关系。导师和学生之间的信任和沟通可以帮助学生更好地适应学习和生活环境，同时也可以为他们提供心理支持。导师可以帮助学生制订学习计划和考试备考策略，提供学习方法和技巧指导，帮助学生提高学习成绩。导师也还可以关注学生的学习进展，发现学习问题和困难，及时提供帮助和支持。导师可以为学生提供职业规划指导和支持，了解学生的职业兴趣和能力，帮助他们制订职业发展计划，提供职业咨询和实践机会，帮助学生更好地掌握职业技能和就业技巧。

导师制需要不断地创新和完善，以适应不断变化的学生需求和社会环境。通过不断努力和实践，导师制可以为学生的全面发展和健康成长提供更好的保障和支持。导师是导师制中最核心的组成部分，他们需要具备专业化的知识和技能，包括教育心理学、职业规划等知识。同时，导师也需要不断更新自己的知识和技能，以适应不断变化的学生需求和学校管理模式。导师制的核心是建立导师和学生之间的信任和互动关系。导师应该关注学生的成长和发展，了解学生的需求和问题，并提供必要的帮助和支持。同时，导师还应该鼓励学生主动参与学校活动，扩展自己的社交网络。导师制需要与学校管理模式相结合，以确保实施效果的最大化。学校应该为导师提供必要的资源和支持，包括课程设置、教学设备、师资培训等。同时，学校也应该定期对导师制度进行评估和改进，以适应不断变化的教育环境和学生需求。导师制需要注重个性化服务，以满足不同学生的需求。导师应该了解学生的兴趣、特长和潜能，并为他们提供相应的支持和指导。同时，导师还应该关注学生的心理健康，为他们提供必要的心理辅导和支持。

在导师制的实施过程中，可能会面临一些问题和挑战。一是导师制需要导师投入大量的时间和精力，但导师的时间和资源可能比较有限。如果导师数量不足或导师负责的学生过多，导师的工作质量可能会受到影响。二是导师制的实施需要导师具备专业化的知识和技能，但导师的素质和能力可能会存在差异。如果导师水平参差不齐，可能会导致导师工作质量的不稳定性和不可预测性。三是导师制需要学生主动参与和配合，但某些学生可能缺乏自我意识和主动性，导致导师的工作效果不佳。这时，导师需要通过激励和引导，激发学生的学习兴趣和主动性。四是导师制需要学校提供必要的管理和支持，包括课程设置、师资培训、导师评估和改进等。但某些学校可能缺乏足够的管理和支持，导致导师制无法顺利实施。五是导师制需要学校、家长和学生之间形成合力，但不同的利益和期望可能会存在冲突。例如，学校可能更注重学生的学习成绩，而家长可能更注重学生的心理健康和全面发展，这可能会导致导师的工作目标和方向出现分歧。

高效开展导师制需要明确导师的角色和职责，明确导师需要做什么，以及怎样做才能更好地帮助学生。同时，导师应该具备较强的专业素质和教育能力，具有足够的耐心和责任心，以便更好地指导和帮助学生。学校应该建立科学的管理机制，确保导师制的实施效果。具体而言，学校可以制定相应的规章制度，确立导师制的组织形式、管理程序和工作要求，制定考核评估制度，以保证导师制的效果。导师制需要有一支高素质、专业化的师资队伍来支撑，因此，学校应该加强师资队伍建设，积极培养和选拔具有相应能力和潜质的教师，为导师制的开展提供可靠的人才保障。学校可以利用信息化技术，建立导师和学生之间的交流平台，为导师提供更好的指导工具和资源，以提高导师制的工作效率和质量。家长是学生成长道路上的重要伙伴和支持者，因此，学校应该积极鼓励家长参与导师制的实施，加强家校之间的沟通和联系，让家长更好地了解学生的成长情况，为学生的发展提供更全面、更有效的帮助。

三、全员育人导师制

全员育人导师制是一种新型的育人模式，将育人工作从班主任和导师这两个特定岗位扩展到了学校的每个教师。全员育人导师制要求每个教师都要承担育人责任，不仅要关注学生的学业成绩，还要关注学生的心理健康、人生规划、思想道德等方面，努力为学生全面成长提供支持和帮助。

全员育人导师制让每个教师都参与到育人工作中来，使育人工作更加全面、全方位，不仅注重学习成绩，也注重学生的品德、心理、职业等方面的培养，真正做到了全员育人。全员育人导师制让每个教师都参与到育人工作中来，使教师的责任感和使命感得到增强，激发教师的教育热情和激情，提高教师育人的积极性和主动性。全员育人导师制可以让全体教师共同育人，增强学校的凝聚力和辐射力，让学校更具竞争力和影响力。全员育人导师制不仅可以提高学生的综合素质和创新能力，也可以促进教师的专业发展，提高教师的综合素质和育人能力。

学校可以制订全员育人导师制方案，明确各个岗位的育人职责和具体

· 107 ·

第三章 『美的新人』的塑造路径

任务，确保每个教师都知道自己的育人任务。学校可以加强教师育人培训，提高教师的育人能力和水平，让教师更好地承担育人责任。学校可以组织心理健康教育课程和活动，引导学生正确处理自己的情绪和心理问题，让学生更加健康地成长。学校可以开展职业规划教育，引导学生正确认识自己的兴趣爱好和优势，帮助学生制订个人职业规划，提高职业素养。学校可以加强家校合作，与家长密切配合，共同关注学生的成长和发展。

四、珠海市第一中学全员育人导师制的工作实践

为了全面提升我校的教育教学管理水平及质量，实现全员参与、共同育人的目标，充分认识全员育人导师制对学校科学管理、促进学生主动持续发展的重要意义，倡导"教师人人是导师，学生个个受关爱"，"让学生人人有倾诉的老师，让老师人人有牵挂的学生"，我校成立全体任课教师为成员的班级导师组，并向学生公布。实行以班主任为核心的任课教师负责制，班主任是班级导师组组长，是导师制工作的组织者和协调者，任课教师要对班主任负责。班主任要充分了解学生的兴趣爱好、学习状况、学习风格、同伴关系、个性特点、家庭背景等情况，以及任课教师的教育风格特点，尤其要特别关注家境贫寒、心理封闭、学习困难、父母离异等特殊学生。

每位导师既面向全体学生开展教学工作，又要承担自己任教班级5~10名受指导学生思想、学习、生活等方面个性化的指导工作。根据任教班级数量不同，每位导师可与相关班主任积极沟通，协调指导学生的人数，总数不超过20名。

班主任的职责是负责本班导师与学生的选配和协调工作，协调班内各

位导师之间的工作，以及和导师共同负责班级思想道德教育。科任导师的职责是热情诚恳、主动积极地接受学生的申请，或者接受班主任的委托，全面深入地了解所指导学生的兴趣、个性和特长，采取整体与个别辅导相结合，以个别辅导为主的方式，关心帮助受指导学生。导师要从关心学生学业进步、改善学生知识结构、改进学习方法等方面入手，因人而异地制订指导计划，在学习时间安排、学习态度、学习方法、学习纪律、学习习惯、学习过程等方面向所指导的学生提供帮助，引导学生开展自主探究性学习，并接受学生在学习等方面的咨询，做学生的良师益友；指导学生合理安排课余生活，引导学生参加积极向上的课外文化娱乐活动，激发他们参与活动的热情，在实践中提高他们的组织能力、动手能力和创新能力，做到明确要求、悉心指导、定期检查；关注并掌握学生的思想、品德、行为表现过程，通过与学生频繁而深入的交往，将正确的思想观念和成功的生活经验传授给学生，指导学生形成良好的思想道德和心理素质，防止和纠正不良行为的产生和发展，促进学生身心健康发展。

导师要经常与学生家长及其他任课教师联络，及时沟通情况，全面了解所指导学生各方面的表现，包括家庭状况、身体状况、个性特征、兴趣爱好、思想品质、行为习惯、心理素质、学习成绩等，填写学生成长记录档案。导师要关心学生的精神文化生活，并给予精神上的支持和鼓励，提倡聊天式谈心。学生每两周向导师汇报一次生活和学习情况，导师每月至少与学生亲切交谈一次，用爱心换爱心，以真诚换真诚，不做居高临下的"说教者"，以平等的朋友身份与学生相处，了解并掌握问题学生的状况，发现他们的闪光点，并针对学生的个性特点，多肯定优点，多提出希望，帮助学生挑战自我、改正不足，解决学习、成长中的困惑，在师生间架起友谊的桥梁。

我校提倡导师每月与学生家长交流一次，通报学生在校发展情况，掌握学生在假日里的家庭表现，帮助和指导家长进行家庭教育，并做好记录。导师可以采取电话、面谈、家校通短信、书信等形式开展工作。我校必要时对重点案例、特殊情况进行集体讨论，帮助学生解决在学习、生活、身体、心理等方面的困惑。每位导师填写与结对学生的家访情况、谈话和帮助措施，建立成长记录档案。具体内容包括：学生的家庭及社会关系详细情况；学生的个性特征、行为习惯、道德素养、兴趣爱好的一般状况；学生的心理、生理、身体健康状况；对学生每月的表现及每次考试成绩逐一登记，分析对照。导师还要对受指导学生的进步和发展情况做出合理分析和评价，并反馈给学生家长和班主任。

导师制活动的时间、地点、内容由导师和其学生协商决定。除了每天正常上课的时间外，每天利用课外活动或自习时间，由学生与导师集中交流，学生可将自己的疑难问题与导师共同探讨，导师帮助学生解答疑难，排解苦闷，调节心理情绪。

导师的工作是学校常规管理的一部分。导师要认真做好全部活动的记录，按要求及时、认真地填写好《导师工作手册》，并且每学期期末上交学校存档。学校每学年开展一次优秀导师评选活动，颁发荣誉证书，并在市级及以上的各种评优表彰、选拔进修等方面予以优先考虑。

第四章

"美的教育"成果呈现

　　珠海市第一中学提出并实施"用美的教育造就美的新人"办学理念已经20余年，取得了良好的育人效果。随着珠海市第一中学教育集团的成立，学校将这一理念传递到各成员校，让成员校在这一理念的基础上，结合本校实际，延伸或拓展出本校的办学理念，从而促进学校的发展和师生的进步。不少学生通过3年"美的教育"的浸润，实现了自身质的飞跃，成长为为国家、为社会担当重任的实践者。

第一节　集团化办学扩大"美的教育"影响面

一、世界视野内的集团化办学

纵观世界各地，集团化办学形式多种多样，时间有前有后，但都有基本一致的目标：通过集团化办学，促进区域教育优质均衡发展。英国实行的"国家教学学校联盟"和"学院制学校信托"，实质上就是集团化办学的一种形式。2010年，英国教育部发布《教学的重要性》白皮书。为了推动教育改革，提升学生的学业水平，英国政府通过多学院信托、国家教学学校联盟等政策，鼓励优质学校与其他学校建立联盟，甚至要求学业水平低于基本标准的学校必须加入某个学校联盟，以提升其办学水平。英国政府通过赋予基层学校更大自主权，通过学校之间的合作形成学校自我改进的体系，推动国家整体教育质量的提升。

2011年，英国政府正式开始实施"国家教学学校"计划。入选的学校需要承担的职责包括六个核心领域：初任教师培训，在职教师专业发展，支持其他学校，选拔与培养学校后备领导，培养专家型教师，研究与发展。入选"国家教学学校"的学校需要满足五个方面的标准：在英国教育标准办公室的督导中被评为优秀；能够成功地与其他学校和部门建立伙伴关系；在学校改进的进程中有卓越的领导能力；校长具有卓越的领导能力，有不低于3年的校长工作经历；拥有一支优秀的领导团队，能够承担"国家教学学校"六个核心领域的职责。入选的学校需要组建"国家教学学校联盟"，把优秀的办学实践辐射到普通学校，以实现区域内办学质量的整体提升。有的联盟管理多达89所成员学校。截至2016年7月，已有"国家教学学校"764所，"国家教学学校联盟"596个。项目经费由英国教育部的财政经费提供，采用逐年递减的方式进行拨付。该经费不经过地方教育管理部门，直接下拨到学校。获得"国家教学学校"称号的学校（类似于我们集团化办学的核心校），第一年可以获得6万英镑的财政经费，第二年减至5万英镑，第三年和第四年为4万英镑。该经费可以用于增强该学校的领导与管理能力，从而带动联盟中的其他学校提高教学质量。联盟中的学校在接受"国家教学学校"的支持与服务时，也可能需要向其支付一定的费用。

"学院制学校"（Academy）始于2000年工党政府的一项政策，是一项薄弱学校改进政策。"学院制学校"直接从中央政府获得财政拨款，独立于地方教育当局，享有办学自主权，在课程、管理和人事聘用上享有比其他学校更高的自主性，能够自主决定学校的课程与活动，可改变教师的薪水与福利条件，自行决定上课的天数。在工党执政时期，每所"学院制学校"都必须有一个"发起者"（Sponsor），其中大部分"发起者"来自产业部门，也有部分来自大学和慈善机构。2010年，英国议会通过了《学院制学校法案》，此后建立的"学院制学校"不再将"发起者"作为必需条件，这带来了"学院制学校信托"的扩张。"学院制学校信托"是学院制学校的管理者，可以将其理解为架构于学校之上的治理机构，其性质是非营利的教育公司。一个信托组织可以同时托管多所"学院制学校"，在不同的学校之间建立联盟和协作机制。2010年之前，只有203所学校是

"学院制学校"，其中绝大多数都是薄弱学校，学生来自弱势群体。而2010年之后，许多新成立的"学院制学校"是优质学校，学生的学业表现很好。

美国实行特许学校。特许学校是英文 Charter school 的译称，也是自1990年以来，在美国兴起的众多公办民营学校之中的一种学校类型。为什么称之为"特许"学校？特许学校是经由州政府立法通过，特别允许教师、家长、教育专业团体或其他非营利机构等私人经营公家负担经费的学校，不受例行性教育行政规定约束。这类学校虽然由政府负担教育经费，但却交给私人经营，除了必须达到双方预定的教育成效之外，不受一般教育行政法规的限制，为例外特别许可的学校，所以称之为"特许"学校。

进一步来说，特许学校是经过法律授权而产生的新兴学校，其设立必须经过教师或其他人员拟具学校经营理念并向地方学区提出申请，经学区核转州教育厅核定。经教育厅特许后，多数的州会由申请人组成自治团体，独立经营学校。经核准的特许学校像其他公立学校一样，必须接受所有的学生，不得有任何的限制，所需经费也依据学生人数的多少由政府从整体的教育经费中支出，如果其他公立学校的学生转学到特许学校，原学校的学生单位经费也同时转拨到新就读的学校，如从私立学校转学而来，则由政府拨给增加学生所需的经费。

特许学校与政府之间是一种契约的关系（通常三到五年），学校必须在契约规定期间保证达成双方认可的经营目标。这种目标通常是以改进学校教学现状为主，因此多数属于教育革新的实验学校。特许学校也因为是教育实验性质，所以通常可以免除例行性教育行政法规的限制，如各学科授课时数、教学进度、教师工作准则、薪资规定以及例行性的报表等。

美国特许学校的优点：一方面具备公立学校公平、公正、低学费的优点，另一方面又有私立学校重视经营绩效的优点，同时也可以激发各种创新的教育实验，并且可以通过竞争压力，刺激一般公立学校提升学校经营及教学质量。因此，特许学校已成为美国21世纪学校的典范。

1991年，美国明尼苏达州开办了第一所特许学校。相比普通公立学校，特许学校办学更为灵活，可支配的教育资源更丰富，可招收更多弱势学生，教育成就表现也更好。2009年至2018年，美国公立学校中特许学校的比例从5%提高到8%，数量从5000所增长到7400所。截至2019年，特许学校已经在美国45个州和华盛顿哥伦比亚特区实施。

英、美集团化办学对我校集团化办学的启示：

（1）通过各校之间的协作促进学校系统的自我改进。英国"国家教学学校"通过学校联盟这一形式为联盟内所有的学生服务，通过协调各学校间的资源与专业知识技能，最终帮助所有学生取得更好的学业成就，减少薄弱学校的数量，培育更多的优质学校，形成一个自我改善和可持续发展的学校新体系。集团化办学能够让学校通过校际沟通进行优势互补与相互促进，形成集团化办学的内驱力，减少外界干扰，依照集团自身发展的需求推进集团化办学进程。集团化办学既要着眼于均衡发展又要立足于提升质量，提升集团的整体教育水平，这是集团化办学的使命。

（2）采取多样化的集团管理模式。根据参与学校的不同，英国"国家教学学校联盟"可以分为三种类型：单一教学学校领导联盟、工作分享联盟（教学学校联盟由两所小型学校或特殊学校共同领导）和多所教学学校联盟（教学学校联盟由两所或更多的教学学校来领导）。我国人口众多，区域与学校之间的差异比较大，教育集团的管理需要突破单一的模式，根据办学环境和办学需求，以及区域教育资源现状等，来探索灵活多样的办学形式。

（3）明确集团内各学校应承担的职责。英国对"国家教学学校"规定了六个职责，"国家教学学校"有责任通过学校引导项目进行初任教师培训，为教师和教学辅助人员提供一系列的专业发展机会，并将这种学习文化辐射到伙伴学校，有责任与联盟内的其他学校一起工作，帮助联盟学校得到改进，还要能够承担起培养后备领导的责任。集团化办学的关键是龙头学校，对我校来说，也需要进一步通过制度建设明确集团内各学校，尤其是龙头学校的责任与义务。龙头学校要有强烈的社会责任感和足够的办学实力，才能引导集团的健康发展。

（4）对集团化办学给予一定的经费支持。为了保证"国家教学学校"及其联盟的正常和可持续运转，英国国家教学与领导理事会按年度定期向教学学校拨款。在每个财政年末，每所"国家教学学校"要向国家教学与领导理事会汇报经费使用情况。除此之外，国家教学与领导理事会还针对六个核心目标的开发和实施做相应的资金管理说明。这对我国的集团化办学也具有重要的参考价值。

（5）对集团化办学效果进行及时有效的评估反馈。英国国家教学与领导理事会规定"国家教学学校"在第三年接受审查，只有通过审查后才能再次获得4年的资格认定。国家教学与领导理事会制定《教学学校评估标准》，主要围绕教学学校是否能够达到合格标准的要求、校长和教学学校高级领导者团队成员是否有渎职行为、教学学校能否高质量地实施六项核心工作。通常当一个集团内某些学校表现不佳或出现下滑时，集团内的其他学校并不承担相应的责任。为避免好的学校更好、差的学校更差这种不均衡的发展，我们也有必要对集团化办学效果进行及时有效的评估反馈。

（6）协调集团化办学的合作与竞争。集团内部各学校除了合作，还存在着一定的竞争关系。除了集团内部各学校的发展，还要有效协调各集团间的合作与竞争关系。集团化办学，使得优质资源的品牌效应有效辐射于集团内各学校，提升集团内学校的办学品质，全面提升集团内各学校的管理水平、师资队伍、课程设置，努力实现优质教育的均衡化推进。

二、我国集团化办学的历程

我国集团化办学是在20世纪末我国优质教育资源相对不足的背景下产生的。20世纪90年代，职业教育集团化办学，为我国办学模式改革提供了早期实践基础。1999年，浙江省杭州市先行通过集团形式，将发展较好的名校与亟须发展的弱校、农校、新校、民校捆绑发展，并取得较好成效，这为集团化办学正式出现提供了早期实践基础。

2005年，教育部印发《关于进一步推进义务教育均衡发展的若干意见》。该文件指出，要充分发挥具有优质教育资源的公办学校的辐射、带动作用，采取与薄弱学校整合、重组、教育资源共享等方式，促进薄弱学校的改造。

2012年，国务院印发《关于深入推进义务教育均衡发展的意见》，明确要求要发挥优质学校的辐射带动作用，鼓励建立学校联盟，探索集团化办学，提倡对口帮扶，实施学区化管理，整体提升学校办学水平。这是国家层面首次提出并肯定"集团化办学"这一概念，集团化办学正式登上我国教育改革与发展的历史舞台。

2017年1月，国务院在《国家教育事业发展"十三五"规划》中提出，促进义务教育均衡优质发展；推广集团化办学、强校带弱校、委托管理、学区制管理、学校联盟、九年一贯制学校等办学形式，加速扩大优质教育资源覆盖面，大力提升乡村及薄弱地区义务教育质量。

2017年9月，中共中央办公厅、国务院办公厅印发的《关于深化教育体制机制改革的意见》指出：要完善义务教育均衡优质发展的体制机制；探索集团化办学，采取委托管理、强校带弱校、学校联盟、九年一贯制等灵活多样的办学形式。

全国各地进行了集团化办学的探索。2013年，柳州市尝试探索教育集团化办学，实行"名校＋新校""名校＋弱校""名校＋农校""名校＋民校"4种办学模式。2014年，上海市在徐汇区、杨浦区、闸北区、金山区先后启动集团化办学实践，继而于2015年在全市推行集团化办学。2018年，广州市荔湾区探索集团化办学。

2020年，广东省教育厅等发布了《关于推进中小学幼儿园集团化办学的指导意见》。该意见指出，通过实施中小学（幼儿园）集团化办学，完善办学的体制机制，充分发挥优质教育资源的辐射带动作用，彰显集团化办学的优势，推动集团内各成员学校的共同发展，扩大优质教育资源覆盖面和受益面，不断缩小区域、城乡、校际差距，努力破解基础教育发展不平衡不充分问题，努力满足人民群众"上好学"的需求；到2022年，全省建立形成中小学（幼儿园）集团化办学的良好发展态势；培育创建不少于100个省级优质特色教育集团，充分发挥省级优质特色教育集团的辐射带动作用；每个地市至少创建2个省级优质特色教育集团，举办一批有特色有影响的本地优质教育集团。

2022年，珠海市召开全市教育高质量发展大会，在《珠海教育高质量发展十条措施》中，提出在实施优质教育资源区域均衡工程方面，强化优质学校带动作用，扩大优质教育资源，在香洲区现有名校基础上，通过合作办学、名校办分校、集团化办学等方式，在金湾区、斗门区、高新区打造9所优质初中，在全市新建6所优质普通高中，实现"区区有名校"。

2022年8月，珠海市第一中学教育集团正式挂牌。目前，珠海市各级各类教育集团有20余个。

三、如何做好集团化办学

集团化办学是以一所或几所核心校领头，带动一批相对弱的学校或新建学校共同发展。各个学校之间有强弱之分，而且地理位置有可能相隔甚远。经过名校的带动，这些相对弱的学校或新建学校会获得更好的资源，从而拥有较快发展的可能。在现实中，基础教育集团不具备独立的法人资格，但承担了政府赋予的使命和任务，代为行使部分行政行为，是政府和学校之间的一个放权的缓冲地带，其性质特点是"行政化+专业化"。

（一）构建共识

集团化办学，通过优化内部管理、加强教师轮岗、促进课程共建、开展教学共研等方式，发挥优质学校的示范辐射作用。基本共识是通过集团化办学，达到资源、课程、师资的共享、共建、共育，实现学校的共同发展进步，培养德智体美劳全面发展的社会主义建设者和接班人。

教育行政部门负责发展规划、规章制度的制定、经费的保障。集团总校长、成员校级领导负责办学自主权的落实、师资队伍的建设、课程的实施、文化的建设等。集团化办学的四大原则：基于问题和需求，协同发展，内涵发展，可持续发展。建立学科带头人制度。学科带头人在一线教育教学岗位上，具有学术话语权，由其专业性质决定，而非行政职务决定，因此学科带头人不一定都是核心校的教师，可以是成员校的教师。

（二）做好规划与章程

发展规划是顶层设计。教育集团根据教育发展的要求，结合地域实际和自身条件，对集团未来三至五年内要达到的主要目标和发展途径，如价值取向、发展目标、发展规模、发展速度、治理结构、人力资源、设备设施和实施策略等方面做好安排。同时，总结好的经验做法，寻找发展中存在的主要问题，展望发展的前景和目标，提出实现这些目标优先需要解决的办法、行动计划和措施。

教育集团科学清晰的发展规划能凝聚人心，提高办学效益。建立具有较强指导性、适用性、时代性、特色性的集团章程，实施集团内部治理，保障集团依法自主管理，保障集团、学校、学生、教职工的合法权益，完善集团自我管理、自我约束、自主发展的运行机制，体现集团的文化与办学特色，全面提高教育教学质量。集团制定或者修订章程，要遵循公开、民主的原则，广泛听取政府有关部门、集团内部组织、相关利益方如师生、员工、家长和社会的意见，使章程起草、修订过程成为集团总结经验、探索规律、凝聚共识、协调发展的过程。

（三）明确责任

教育集团牵涉教育行政部门、集团、核心校、成员校四个方面，四者之间既有联系又有区分。梳理教育行政部门、集团、核心校、成员校的职责，厘清四者的职责边界，制定加强事前计划、事中监督、事后考核的制度措施，明确集团公共事项，落实主体责任，做到权责一致，纠正不作为和乱作为。教育行政部门、集团、核心校和成员校四者之间的权责关系可从组织人事、教育教学、财务后勤和评价反馈四个方面明确。教育行政部门重在指导与监管，负责审批集团化办学的标准，研究管、办、评分离的评估模式，监督教育集团工作的落实情况。集团重在统领与谋划，负责规划集团办学方向、办学特色和发展，建立适合集团发展的管理体系，推动成员校共同进步。核心校重在引领与示范，在办学治理、教育教学、教育资源等方面向成员校输出成功的经验等。各成员校重在落实与发展，根据集团的共同愿景结合学校的实际制定适合学校的办学目标、落实工作计划，形成具有本校特色的学校文化，推动学校进一步发展。

四、珠海市第一中学集团化办学实践

为更好地推进集团化办学，珠海市第一中学教育集团从围绕一个目标、落实两项任务、建成三种模式、统筹四个方面、推动五个"一体化"这五个方面来实施。

（一）围绕一个目标，成就美好教育的未来

稳妥地实施集团化办学，实现"管理互鉴、优势互补、资源共享、拓新共赢、优质发展"的目标，用"美的教育造就美的新人"的办学理念，构建集团化办学的体系，共建让老百姓看得到、上得了身边的优质学校，提高珠海市市民对教育的获得感、满足感和幸福感。

（二）落实两项任务，实现师生发展的需要

建设优质教师队伍，培养优秀学生。建立集团内教师招聘、培养、培训、评价和考核等机制，加强集团成员校之间互派教师轮岗交流，充分发挥集团内名校长、名教师和骨干教师的示范引领和辐射带动作用。积极开展骨干教师交流、学科基地建设、联盟校教研等活动，推动骨干教师向集团内的新建学校流动，促进集团内教师专业素质整体提升。打通小学、初中、高中学习路径，做好小初高不同学段的学科知识有机衔接，探索人才培养新模式。

（三）建成三种模式，达到共同提升的目标

以紧密型模式，探索学校深度整合新模式；以混合型模式，探索课程共享、教研共进、内涵发展；以联盟型模式，推进优质集群发展。集团化办学，让珠海市第一中学的办学理念和文化，浸润集团内的每一位师生、每一个角落，从而让优质校带动教育均衡发展，努力实现先进办学理念辐射、科学管理制度共建、教育教学资源共享、设施设备场地共用、集团成员校共赢。

（四）统筹四个方面，推动优质集团的发展

一是统筹管理干部队伍。根据《珠海市第一中学教育集团章程》，优化集团内管理机制，互派管理人员双向交流，在校本部选派骨干力量到新建成员校承担管理任务，实现"一盘棋"的集团管理。二是统筹课程规划设计，完善课程体系。丰富课程供给，打造特色化、多样化、优质化集团学校课程群，推动优质课程资源共建共享。三是统筹集团内外教育教学资源。建立场地资源和仪器设备的开放共享共用机制，推动集团内学生走校、信息化同步等多种互动教学形式，实现优质教学资源有效利用，实现校外教育基地、社会实践基地及其他社会资源在集团内共享。四是统筹人才培养。根据小初高三个学段特点和学生学习特点，在学生人文素养和科学素养培养上开展丰富多样的活动，开展学科竞赛类、科学创新类"育苗培养"工程。

（五）推动五个"一体化"，为集团可持续发展提供内生动力

一是推动管理机制一体化。优化集团组织架构：集团推进管理机制一

体化的初衷在于从集团的整体目标出发，采用现代化管理方法，实现集团内部治理的整体优化，落脚点在于提高教育集团的管理水平和增强集团内部治理能力，从而赢得整个教育集团更大的发展。

在集团化办学过程中，学校干部队伍在不断扩大，集团不断改善权责配置。建立分工明确、关系和谐、内耗小、效能高的管理团队，坚持"淡化职位轻身份，强化岗位重实绩"的原则，从垂直模式转向多项交叉的互联模式。集团通过优化组织架构，设立了五大管理部门，即集团办公室、课程发展中心、教师发展中心、学生发展中心和发展保障中心。在综合考虑各中心部门业务职能、强调顶层设计的基础上，我们将集团的一体化管理体系划分为决策管理、运行管理和支持保障管理三个部分，实现对集团各方面事务的全方位管理。珠海市第一中学作为集团总校，一方面要输出办学理念、管理方式、课程方案、质量标准，发挥"火车头"作用，承担教师发展研修孵化器作用，助力集团教师素养的整体提升；另一方面要整体规划集团的办学方向、办学特色和发展目标，通过组织牵头、纵横联动、群建共享，促进集团内各成员校的高质量与特色发展。

二是推动资源配置一体化。有效整合、配置和共享集团优质教育资源是促进集团高质量发展和集团治理能力提升的关键。为了破解教育资源难以实时共享的难题，解决集团优质校优质师资相对集中、新成员校教育资源相对不足的问题，集团积极推进集团内部干部和教师轮岗流动，均衡优质资源。一方面，集团总校向成员校派驻教育教学干部和优秀教师，为成员校"输血"。另一方面，成员校也派遣一些教师到总校通过顶岗培训、跟岗培训等形式不断提高自身教育教学能力，提升成员校自身"造血"能力。集团定期组织学术专家、骨干教师到成员校进行教学指导，指导课堂教学，为教师专业发展提供有力帮助。集团按照未来学校的发展方向推进生态智慧校园建设，借助现代信息化、网络化平台，探索云端型的教学、教研和交往新形式。数字化资源平台的建立，将推动集团内优质教育资源的共享，而且教育资源的一体化配置以学生为中心，促进学生成长，促进学生多样化学习、多元化发展，也体现了集团发展的绿色、智慧、自由、开放等特征。

三是推动课程教学一体化。集团成立学术委员会，建立大教研机制，由总校学术委员会委员、科组长、备课组长等牵头，各个成员校相应的科组参与，通过线上、线下相结合的方式实现集团内各成员校之间的同学段统一集体备课和教学研讨。从学生发展需要出发，整体规划集团课程建设。第一层基础能力课程，是所有学生的共同必修课程；第二层拓展研究课程，是在共同必修课程的基础上，满足学生个性化发展需求的选修课程；第三层小初高衔接课程，是为了探索基础教育一体化发展新路径的新课程；第四层是拔尖创新课程，是针对拔尖创新人才培养的特色课程。

四是推动学生培养一体化。学生培养一体化不是要求集团内其他成员学校丢掉自己的办学特色，盲目追求与总校趋同，而是通过集团内专业化的组织管理协调、课程方面的联合研发与实施、课程资源的整合，为各成员校的学生提供满足其个性化需求的丰富多样的课程。集团成立创美学院，强化学生德育工作，通过学生成长共同体项目培养学生的家国情怀、集体主义精神与合作共赢理念。

五是推动质量评价一体化。质量评价是评估和总结集团化办学效果的重要手段和依据。集团成立发展监督委员会和考核评估委员会，在推进质量评价一体化过程中将始终坚持"以人为本"的理念，将评价体系的量化指标与集团文化有机结合起来，采用多样化的评价方式，制定系统科学的评价体系，同时注重评价后的反馈，将评价重心从发现与规定要求的偏差转变为关注管理的效率和效果。

目前，集团理事会已经成立，已制定三年发展规划，总校成立集团课程发展中心、教师发展中心、学生发展中心、发展保障中心、办公室、学术委员会、考核评估委员会等机构，由办公室做好阶段性任务清单，全面开展集团化办学各项活动。今后，我们将凝聚发展共识，提炼核心价值，共谋发展愿景，形成办学特色，丰富集团文化内涵，培育向善向上、和谐奋进的集团文化，充分发挥教育集团的品牌影响力和文化辐射力，以文化引领各成员校"和而不同、各美其美"，促进集团学校高质量发展。

珠海市第一中学教育集团以"协同共生"为核心战略，突破"以强带弱"定式，建立共创共享新格局；突破"优质资源"边界，建立开放育人新生态；突破"价值认同"屏障，建立信任共生新关系；突破"能者多劳"思维，建立平等合作新机制，用责任和智慧，构建学校集群发展新样态。珠海市第一中学教育集团全面贯彻党的教育方针，落实立德树人根本任务，在集团内各成员校倡导"用美的教育造就美的新人"的办学理念，培养德智体美劳全面发展的社会主义建设者和接班人，谱写更多"美的教育"的新篇章！

第二节　"美的教育"让师生、学校得到发展

珠海市第一中学始建于1960年。建校伊始校名为"珠海县香洲渔民中学"，1981年学校正式更名为"珠海市第一中学"。学校现有教师300余人，学生3800余人，78个教学班。学校东临香山湖，北靠凤凰山，占地面积约为16万平方米，建筑面积约为12万平方米，是一所具有园林风貌、学府风采和现代建筑风格的美丽学校。在珠海市委、珠海市政府、珠海市委教育工作委员会、珠海市教育局的领导下，在历届师生的共同努力下，历经半个多世纪的建设与发展，学校已经成为广东省基础教育领域的排头兵。

一、学生的全面发展

学生的全面发展是指学生在知识、技能、态度和价值观等方面的全面发展。它是教育的根本目标之一，也是教育评价的重要标准之一。在知识方面，学生需要获得广泛的学科知识，了解不同领域的基本概念、原理和理论，以及掌握基本的学习方法和技能；在技能方面，学生需要具备各种实际技能，例如阅读、写作、计算、沟通、协作和解决问题等；在态度和

价值观方面，学生需要具备积极的学习态度，例如好奇心、探究和勇于尝试的精神等，必须具备正确的价值观和社会责任感，例如尊重他人、关心环境和积极参与社会公益事业等。

为了实现学生的全面发展，教育需要注重培养学生的综合能力，包括认知能力、情感能力、实践能力和创新能力等。同时，也需要提供多元化的学习机会和资源，包括实践活动、社区服务、文化交流和国际教育等，以满足学生不同方面的需求。学校可以通过引导学生树立正确的学习态度，如主动学习、积极思考、勇于探究等，从而培养学生的自主学习能力。创新是推动社会进步和个人发展的重要力量。学校可以通过提供多样化的课程设置、组织学生参加科技竞赛和科学研究等方式，培养学生的创新能力和实践能力。综合实践活动可以帮助学生更好地了解社会、了解自我，同时也能够培养学生的实践能力和团队合作精神。学校可以通过组织社会实践、实习实训、校内活动等方式，让学生参与综合实践活动。高中学生不仅需要掌握知识和技能，更需要具备一定的综合素质，如道德素质、体育素质、审美素质等。学校可以通过开展素质教育课程、提供艺术教育、体育教育等方式，促进学生的全面发展。独立思考和批判性思维能力，有助于他们更好地理解和掌握知识。学校可以通过启发式教学、问题式教学、讨论式教学等方式，培养学生的独立思考和批判性思维能力。

（一）"五育并举"，全面发展

"五育并举"是指德智体美劳五个方面的教育同等重要，要全面发展。德育培养学生形成正确的价值观和良好的品德，如诚信、勤奋、宽容、正义等；智育培养学生的认知能力和知识水平，包括语言、数学、自然科学、社会科学、人文艺术等领域；体育培养学生的身体素质和健康意识，促进学生身心健康发展；美育培养学生的审美能力和文化素养，促进学生文化艺术修养的提升和创新能力的发展；劳动教育培养学生的劳动技能和实践能力，使学生能够更好地适应社会生活。通过"五育并举"，教育可以促进学生全面发展。综合素质让他们在未来的学习、工作和生活中更加自信和成功。

此外，学校还可以开展课外活动，推行综合实践活动，激发学生的创造力和创新意识，促进学生的全面发展。同时，学校也鼓励家长积极参与学生的成长，关注学生的身心健康和全面发展，为他们提供支持和帮助。

（二）培养学生全面发展的教育实践

我校经常开展丰富多彩的校园文化活动，加强德育课程建设，构建学校特色育人体系，提高学生的道德感悟能力及自律能力。在德育教育方式上，我校强调发挥学生的主体作用，积极构建学生自主参与、自主管理、自我教育的育人模式，建立以品德养成为先导、个性培养为核心、知识传授为基础、能力发展为重点、情感陶冶为动力、综合素质提高为根本的特色育人体系，形成健康向上、生动活泼的育人氛围。

我校邀请著名学者、道德模范等来校开展讲座。例如杨叔子院士、秦伯益院士、金庆焕院士、王浚院士、侯建国院士、计亮年院士、汤涛院士、唐本忠院士等，都曾先后来校为学生授课。

我校每学年都开展"经典诵读"评选活动。学生积极筹划、精心准备、认真彩排，在活动现场或以齐诵的方式将国学经典浅吟低唱，或以舞台剧的形式将国学文化完美呈现，积极展现了我校学生深厚的国学文化功底。我校编排的经典诵读《盛世中华魂》《少年中国梦》先后在珠海市教育局主办的"中华经典诵读"比赛中荣获第一名，并受邀参加珠海电视台"中华经典诵读暨美德少年颁奖晚会"的演出。

我校设置有氧运动和力量训练等体育项目，帮助学生增强体质、调节情绪、释放压力。我校设立"阳光体育一小时",每天在下午留出一小时的体育活动时间。在此时间段内,学生可以自主选择自己喜欢且适合的体育运动,学校的所有运动场地均向学生全面开放。体育教师在阳光体育一小时期间负责学生的运动安全。

学生合唱团多次走进维也纳、悉尼等世界级音乐殿堂。学生管乐团应邀参加世博会和亚运会开幕式、伦敦奥运会开幕式,还多次应邀到国外进行才艺交流,英国、美国、日本、德国、奥地利、新加坡、澳大利亚、挪威都留下了学生交流的足迹。

我校定期组织各年级学生分批进行学农实践活动。在校园里开辟试验田。学生种植不同的作物,松土、选种、种植、驱虫、除草、收获等全部在教师的指导下自主完成。这不仅让学生体验了劳动的乐趣和成就感,增强了学生的实践能力,培养了学生感恩父母、感恩社会、爱护环境、珍惜资源的理念,还能帮助学生树立起劳动美好、劳动光荣的劳动价值观。这些都是学生受益一生的宝贵财富。

60多年来,我校培养出优秀毕业生逾3万人,连续多年荣获珠海市教育质量最高奖,取得良好的办学效果,获得广泛的社会赞誉。10年来,我校共为空军培养了10多名飞行学员,为北京大学、清华大学、中国科学技术大学、中山大学等著名高校输送了大批优秀学子。学生在国际、国内各类比赛中屡获殊荣,毕业学生中不少人已经成为不同领域的优秀人才。

二、教师的专业发展

高中教师的发展对于教育的质量和学生的成长至关重要。高中教师需要不断学习和更新知识,以适应教育改革和学科发展的要求。学校可以提供相关的专业培训和学术研讨会，鼓励教师参加教育研究和实践活动，提高教师的专业素养和教学水平。学校可以鼓励和支持高中教师进行教学创新和实践，如采用新的教学方法、教学工具和教学资源等，以提高教学效果和学生的学习兴趣。高中教师的工作压力较大，需要得到充分的关注和支持，学校可以提供心理咨询和支持服务，以帮助教师保持心理健康和积极心态。学校可以组织教师进行团队交流和合作，分享教学经验和教学资源。学校可以建立相应的激励机制，以激励高中教师持续发展和提高自身的教学水平，如奖励优秀教师、提供晋升机会等。

提高高中教师的专业知识和技能，可以帮助他们更好地完成教育教学任务，提高教育教学质量；可以帮助他们更好地引导学生，促进学生的全面发展，提高学生的综合素质；可以促进他们的教育教学研究，推动教育教学改革；可以提高他们的专业水平和职业荣誉感，从而增强他们的满足感和幸福感；可以挖掘和发展个人潜力，拓展职业发展的空间，提高学校的整体教育教学质量和竞争力，从而为学校的发展提供支持。

（一）教师专业发展的途径和意义

学校通过开设各种培训、研讨会等形式，帮助教师提升专业知识和技能；为教师提供最新的教育教学资源，如图书、网络课件等，以便教师更好地掌握教育教学的最新发展；建立教师评估制度，促进教师的教育教学研究和实践能力的提升；引导教师开展教育教学研究，鼓励教师进行教学创新和实践；给予教师更多的教学自主权，鼓励教师开展教学创新和实践；建立师德师风评价制度，促进教师的职业道德和职业精神的提升；加强教师与学生、家长的互动沟通，了解学生的需求和家长的期望，提高教学质量。

教师的个人发展和全校教师的发展是相互依存、相互促进的关系。教师的个人发展对全校教师发展具有重要意义，而全校教师的发展对教师的个人发展也会产生积极的影响。首先，教师的个人发展是全校教师发展的基础。教师是教育教学工作的主体，教师个人的专业素养和能力的提升直接影响着教育教学质量和全校教师的发展。只有教师的个人发展得到保障，才能推动全校教师的共同发展。其次，全校教师的发展也能促进教师的个人发展。全校教师的发展包括课程研究、教学设计、教学评价等方面，可以促进教师的教育教学观念和教育教学方法的更新与提升，从而对教师的个人发展产生积极的影响。最后，教师的个人发展和全校教师的发展的互动关系，需要学校提供良好的支持和平台。学校可以通过开设各种教育教学培训、评估、交流平台等方式，为教师的个人发展和全校教师的发展提供良好的支持，实现教师个人发展和全校教师发展的有机统一。教师的个人发展和全校教师的发展关系密切，只有两者相互促进、相互依存，才能实现教师个人和全校教师的共同发展，提高教学质量，推动学校整体发展。

（二）珠海市第一中学促进教师专业发展的举措和实效

我校坚持把政治标准和政治要求贯穿办学治校、教书育人全过程各方面，坚持社会主义办学方向，落实立德树人根本任务，团结带领全校教职工推动学校改革发展，努力培养德智体美劳全面发展的社会主义建设者和接班人。

高素质的教师首先是具备高尚师德的教师，师德包括政治品德和职业道德等不同方面。教师队伍思想政治素质、师德师风建设是事关教育工作成效的基础性工作。学校坚持落实意识形态工作责任制，加强教师队伍思想政治素质建设，支持保障教师队伍更好地履行为党育人、为国育才、培养社会主义建设者和接班人的职责使命。完善师德师风建设长效机制，系统设计科学的、具有可操作性的师德师风建设制度，强化制度保障，全面提升教师思想政治素质和职业道德水平，确保社会主义核心价值观贯穿教书育人全过程。

我校重视教师的培训。学校每年为教师提供众多的培训机会，支持教师参加各类线上、线下讲座等活动，鼓励教师钻研专业知识，积极申报课题、发表论文、出版专著，让教师在专业成长的道路上保持积极奋进的精神。

为加强对教师的继续教育工作，促进教师队伍的专业化成长、提升教师的专业化发展水平、加强教师的心理健康培训既是学校教师队伍建设的主要工作，也是进一步夯实学校的办学潜力，促进学校长期、稳步向前发展的一贯方针和长期做法。学校成立了以校长为组长的校本研修工作小组，既形成了上下一盘棋的整体管理模式，又形成了我校独具特色的校本研修模式。

我校对校本研修进行了整体规划与设计，以师德修养、心理健康、信息技术、课题研究等内容为研修导向，通过培训与研修相结合、培训与课题相结合、培训与教师的专业成长相结合的特色校本培训方式，对全体教师进行多层次、多形式、多内容的校本研修培训。

我校加大对青年教师的培养力度。我校结合实际情况拟定了教师培养计划，为青年教师创设学习平台，为他们的专业发展搭桥铺路，实施"以老带新"的"青蓝工程"，帮助青年教师快速提高业务能力。

为了正确评价教师的德才表现和工作实绩，激励和督促教师不断提高政治觉悟、业务素质，认真履行岗位职责，提高专业能力，我校每年的表彰评优与考核工作，坚持"客观、民主、公开、公正、注重实绩"的原则，严格按照学校要求和标准，督促、激励和鞭策教师总结梳理工作亮点、特色与不足，以实现自我完善与提升。

我校始终把师资队伍建设作为提高人才培养质量的基础，通过引进和培育相结合的方式，不断优化教师队伍的素质与结构；以教研教改为抓手，不断提升教师教育教学能力；激励与约束并举，引导教师更加重视教学投入；加强机制与制度建设，不断完善教师发展与服务，努力打造了一支师德高尚、业务精湛、结构合理、充满活力的智慧型教师队伍。

广东省张六安名校长工作室等一批省、市级名校长、名教师工作室的建立，标志着珠海市第一中学的教师队伍建设在全省的示范和引领作用。截至2023年底，学校现有在编教师300人，其中：博士学位教师4人，硕士学位教师140人，正高级教师7人，特级教师4人，高级教师118人，省名校长工作室主持人1人，省名师工作室主持人1人，省劳模工作室1人，省劳模3人，"南粤优秀教师"6人，省名班主任2人，市名班主任4人，市名师16人，市名师工作室主持人4人，香山名师1人。

三、学校的高质量发展

学校的发展可以提高学生的综合素质，包括知识、能力、品德、情感等方面的发展，为学生的未来发展打下坚实的基础。学校的发展可以提高教育教学质量，包括引进先进的教育理念和教学方法，创新教育教学模式和内容，提高教育教学效果和学生学习成效。学校的发展可以增加教育资源，包括教师队伍、教学设施、教育科研等方面的资源，为学生的学习和发展提供更好的条件和支持。学校的发展可以增强学校的社会责任感，提高学校的社会影响力和社会形象，积极参与社会公益事业和社会建设，为社会发展和进步做出积极的贡献。学校的发展可以推动国家教育事业的发展，提高国家教育整体水平和竞争力，为国家的科技进步、经济发展做出积极的贡献。

（一）学校高质量发展的目标和途径

学校高质量发展的首要目标是提高教育教学质量，提高学生的学习效果和综合素质，为学生的未来发展打下坚实的基础。学校应该努力建设优质教育资源，包括师资力量、教学设施、教育科研等方面，为学校的长远发展提供支持。学校应该注重提高自身的品牌形象和知名度，树立良好的学校形象和文化，吸引更多优秀的师生、家长关注和选择学校。

学校应制定短期、中期和长期发展规划，明确学校的发展目标和发展路径，以确保学校的发展方向清晰、目标明确；建设完善的教学设施，包括教学楼、实验室、图书馆等，以提供良好的学习和研究条件；加强师资队伍建设，招聘高素质的教师，为教师提供培训和发展机会，以提高教师的教学水平和教学质量；推动教育教学改革，创新教育教学模式和方法，发展多样化的教育教学资源和手段，提高教育教学效果和学生学习成效；加强学校文化建设，树立学校良好的校园文化和学术氛围，营造和谐、稳定的校园环境，为学生和教师的全面发展提供良好的条件和支持；积极开展国际交流与合作，扩大国际视野，了解国际教育先进经验和教学方法，提高学校的国际竞争力和影响力。

（二）珠海市第一中学的教育高质量发展之路

珠海市第一中学历经60多年的建设与发展，从昔日的渔民中学，已成长为拥有78个教学班、3800多名学生的广东省国家级示范性普通高中，成为省内乃至国内同行所瞩目的国家级示范性普通高中。多年来，学校全面贯彻党和国家的教育方针，深入学习贯彻习近平总书记关于教育的重要论述，踏踏实实地落实立德树人的根本任务，以"办人民满意的学校"为宗旨，坚持"高质量、有特色、现代化"办学方向，坚持"美的教育造就美的新人"的办学理念，发扬"师生同心、做到最好、成就美好"的学校精神，将"创美育人"办学特色落实在学校的教育教学、文化建设和环境建设各个方面，在持续保持省内的高位发展的同时，继续呈现"持续优质、特色鲜明、多元综合"的办学特色。

学校具有良好的社会美誉度，荣获"全国文明单位""全国精神文明建设先进单位"、教育部首批"依法治校示范校"、教育部首批"现代教育技术实验学校"、教育部首批"心理健康教育特色学校"、教育部首批"足球教育特色学校""全国航空特色学校示范学校""空军飞行学员优质生源基地"，全国首批"STEM教育领航学校"和"广东省文明单位"、广东省首批"青少年科技教育特色学校"、广东省首批"艺术教育特色学校"等荣誉。多年来，学校以先进的教育理念、高效的管理机制、优秀的师资团队以及显著的育人效益和办学成绩，得到了广泛的社会赞誉。

第三节 美的教育成果选录

一抹绚丽的色彩

云卷云舒，花开花落，流年暗暗偷换。又是一年盛夏至，又是一年离别时。乘坐时光的小船顺流而下，驶离名为"高中"的码头，奔赴下一个远方。来时，你我是懵懵懂懂的少年；去时，已然成长为朝气蓬勃的有志青年。站在人生的重要路口，再回首，无数的回忆奔涌而来，感恩之情亦涌上心头。回想高中三年，我的话有很多很多……

十年树木，百年树人，感恩母校每一位辛勤付出的老师。记得每次升旗仪式主持人念"教师之星"颁奖词时，同学们总会因词中幽默有趣的话语而笑。但笑过之后，我也清楚地知道：这些简单的字句恰恰是老师不辞辛劳、奉献教育的生动诠释。在一中的百花园里，有着许许多多不知疲倦、认真培育花朵的园丁：他们从清晨到夜晚，从春夏到秋冬，尽心尽力，无怨无悔；他们奋力播撒知识的种子，三尺讲台，一支粉笔，教书育人，滋润桃李；他们将爱与温暖给予我们，亲切问候，反复叮咛，脸上是藏不住的牵挂与关心，事情巨细兼顾；他们是良师，更是益友，一抹笑容，一个点头，一次聊天，就能够带给我们继续前行的勇气与力量……"落红不是无情物，化作春泥更护花"。每一朵花儿绽放的背后，都离不开园丁的汗水。感恩老师，感恩您对我们的教诲！

多姿多彩，趣味盎然，感恩母校为我们提供了丰富多彩的校园活动，也感恩每一个在活动背后默默付出的学生会与社团成员。校园生活从来不是单调乏味的。学习之余，我们总是期待接下来的活动。校园活动不仅能带来快乐和学习的机会，更对我们的成长有着非凡的意义。"青马工程"与党课学习中，我们深入了解马克思主义与百年党史，更加坚定自己的理想信仰；两届"感动一中"活动，做过观众也做过参与者，我曾亲自为"感动一中"人物撰写文案与录制视频，记录点滴平凡的感动，体会平凡的感动带给我们的光和热，并让我们继续传递这份"感动"；香山湖地理研学，在地理老师的带领下，我们探索自然的奥秘，感受人与自然和谐之美；还有合唱比赛、校运会、科技节……高中的学业负担固然沉重，但繁忙的学习生活外，这些活动让我们放松身心，看到了更多不一样的色彩：学习课本外的知识，开阔眼界，丰富认识，让我们的思想更加深刻；锻炼自己的能力，接触新事物，全面发展，不断提升自我；学习、欣赏他人的作品，在交流中互鉴，让审美更加多元化……几年来，我积极参与学校各项活动，受益其中的同时，也看到了相关老师台前台后为此奔波的身影。在这里，我想说：感恩母校对举办校园活动的大力支持，也感恩每一个学生会与社团成员对活动的无私奉献！因为你们，我们的校园生活才更加五彩斑斓！谢谢你们！

生机勃勃，鸟语花香，感恩母校的优美环境。如果有人问起我"一中吸引你的地方有哪些？"那我的回答一定会包括"她的环境"。一中的人文环境良好，处处充满着文化气息，书声琅琅，学风淳朴，但我同样想提的是一中的自然环境。这里，有孔雀开屏，小猫摆造型引人驻足观看，鱼儿游水争食，大白鸭、绿头鸭嘎嘎叫，花花草草，还有池塘的宁静美好。

记得校长在分享缓解压力的方法时，他提到一点"亲近自然"，对此，我深表赞同并且一直在实践着。校道上，绿树成荫，和同学漫步于此，感受清风的吹拂，聆听自然的声音，便足够扫去心灵上的尘埃；池塘边，流水潺潺，抬头是蓝天白云，低头是鱼儿跃出水面，鸭子叫声一片，享受如此美景，怎不让人心情大好？喜欢漫步校园，喜欢校园的每一处角落，喜欢发现美的瞬间。良好的校园环境能够让我们陶冶情操、净化心灵、放松身心，更好地投入学习生活。感恩母校建设的宜人环境！

点滴瞬间，定格成长，感恩在母校遇到的人和事，感恩在母校的每个值得铭记的时刻。一中，卧虎藏龙，此话不假。但与这些人共同经历风雨，才可谓"青春一抹绚丽的色彩"。每一个与同学相处的瞬间，每一个共同迎接挑战的时刻，每一个收获喜悦的刹那……这些时刻虽然短暂，转瞬即逝，但却因为参与其中的我们，而被赋予了无数永恒的意义。合唱比赛，登上舞台，内心紧张，当帷幕拉开，从容自如，共同唱出少年的声音；校运会，接力女队手叠手加油打气，呐喊声铿锵有力；高考加油助威活动，看校旗飘扬，听口号声，我们也心潮澎湃，喊出迎战高考的口号……这些瞬间是美好的，令人感动的，而其背后的意义则使这些瞬间更加珍贵。当帷幕拉开时，是同学们肯定的眼神给予了彼此勇气与自信，让我们即使心中没底，却也能认真投入表演；当赛前紧张时，大家互相打气，是班级凝聚力让我们放手一搏，为班级而战；当全校师生为高三学子加油时，是大家的祝福温暖了我们，鼓励着我们奋勇前行……点滴瞬间，汇聚感动，弥足珍贵，让人总是从中获得无穷的力量。感恩母校让我有幸认识这些人，遇见这些事，感恩母校让我拥有了无数值得铭记的瞬间！

只言片语，不能倾诉尽我对母校的感恩之情；只言片语，更是难以估量我在母校的成长与收获。在一中，我不仅学到了知识，更学会了思考问题的方法与角度；我不仅提高了人际交往能力，更认识了许多有趣的人，收获了珍贵的友谊；我不仅得到了许多学习的机会，更增长了见识，全面发展了自己……我遇到过困难，但也收获了"屡败屡战"的勇气与永不言败的精神；我经历过迷茫，但也得到了理解、陪伴与拨开迷雾的决心；我体会过喜悦，但也更加珍视在此之前付出的点滴努力。三年的经历浓缩成短短几句，没有长篇大论，我想这就是成长，坦然面对，笑着回忆。感恩母校让我不断成长！

　　时间顺流而下，我知道，无论故事再怎么引人入胜，都会有结局的那一页。我在母校的三年故事终究结束了，但在往后的人生篇章里，我都会带着这些美好的回忆与满满的收获，继续认真用心地书写每一页。

　　感恩母校，感恩遇见的每一位老师与同学，感恩在母校茁壮成长的自己。

　　祝福母校年年桃李，岁岁芬芳！祝福母校人才辈出，再创辉煌！

　　　　　　（李茂溪，珠海一中2023届毕业生，现就读于南京大学）

美是一种温暖的力量

岁月如梭，一晃我已经告别母校珠海一中了，一个专注于"用美的教育造就美的新人"的求学殿堂。我心中充盈着一股暖流，那是美的力量。

珠海一中的校园美不胜收。孔雀园里美丽的孔雀开屏，潺潺池塘里欢快的鱼儿，形态可掬的鸭子，亭台楼阁，绿树红花，给了我们一个绚烂多姿的校园；教室和走廊里悬挂的古诗匾牌、学生的艺术作品、名言名句，给人蓬勃向上的力量。日日熏陶在其中，我们学会了发现美、欣赏美、向往美、鉴别美，心里的学习压力被稀释，枯燥的学习生活也变得美好起来。这种感觉温暖着我。校园环境真实地体现了"用美的教育造就美的新人"的办学理念。

珠海一中的领导和老师们都是美丽的人类灵魂工程师。他们认真负责，宽严相济，亦师亦友，和蔼可亲，耐心十足。他们的一言一行无不体现着美的身影。他们既传授知识，又培养我们多方面的能力，带给我们积极乐观的精神力量。他们用启发式的教育模式代替了填鸭式的教育模式，创设情境，激发情感，注重面向未来的能力培养，课堂小组活动、课前演讲、表演等活动让我们有了展示自我能力的舞台。语文老师组织的课本情景剧表演尤其让人印象深刻，我们自己设计的剧本海报新颖独特。这些多样化的教学模式激发了我们的潜能，展示了我们的活力和创造性，带来美的体验。课后老师会和我们一起打篮球、乒乓球，一起感受拼搏的力量。他们让我们在轻松愉快的氛围中感悟与人相处的交际美、人情美、品德美。老师们的陪伴温暖着我，他们用美的言行诠释着"用美的教育造就美的新人"的办学理念。

"用美的教育造就美的新人"还体现在全面推进素质教育方面。记忆最深的是学校放手让我们开展各种活动。一年一度的科技节、体育节、艺术节等大型活动都由我们学生自己组织完成，这既锻炼了我们的组织协调能力，又培养了我们吃苦耐劳的精神，让我们从活动中学会了责任、担当、承压的优秀品质。"文明班""最美教室""最美寝室"的评比极大地提高了我们创造美的热情；周末组织学生徒步香山湖公园，感受自然大美；在学期中的劳动课上，我们会做出美丽的艺术品作为礼物送给我们的妈妈，她们惊喜；清明节期间学校会组织我们去扫墓，周末会组织我们去敬老院看望那里的老人，让我们的精神正直、心地纯洁、情感和信念端正。这些暖人的活动都是"用美的教育造就美的新人"的体现。

美，是人世间最有力量的字眼。母校秉承"用美的教育造就美的新人"理念，用暖心的举措为莘莘学子提供了美的熏陶，能成为在这种理念下成长起来的一中学子，我倍感荣幸。祝福母校越来越美！

（王梓衡，珠海一中2023届毕业生，现就读于清华大学）

三载师生一世情

在珠海一中学习和生活，已经距今20余年了。这是一种很奇妙的感觉。在动笔之前，我也"访谈"了一些校友，他们都表达了类似的感受。当年的点滴细节都已经很模糊了，但是感受很深刻。这就好像一出熟悉的老电影，情节已经记不清楚了，但是情感非常真切，已经深深地融入了我们的少年光阴里，伴随着我们成长，影响着我们的一言一行。如今，我每当走进校园，那种温暖的感觉便在心间流淌，让人感慨一番：我们在"胜券在握"的雕塑前拍毕业照，在礼堂里参加元旦文艺汇演，在宿舍楼的公共浴室里拿着桶和盆排队，一起看流星雨，眯着眼集体晨跑，认识了要好一辈子的闺蜜。

缘起总是一些很平常的画面。2001年9月，我们在操场上按照班别排着纵队，这是我们大多数人集体生活的开始。我分在高一（9）班，当时没有什么特别的感觉，只觉得这是非常幸运的数字。因为就在那个地方，我第一次看到了年轻的班主任——张六安老师。直到后来，我才知道，他也是位新老师，有着对新环境的迷茫，但带着一身的干劲。我们是他来到珠海市工作后带的首届学生，是所谓的"亲生"的学生。直到10年后，我自己也成为一名教师，开始做学生辅导员的工作，才终于体会到自己为所带的第一批学生倾注了多少心血和热情。张老师有着出色的记忆力，开学不到两天，就把我们每个人都对上了，能准确地叫出名字。不到两个月，连我们班每个学生的家长他都了如指掌。"你们的爸爸妈妈我都认识"，对此，他到现在还津津乐道。他能把学生工作做得如此彻底，难道这不正是对于工作的极度负责和对学生的无限关爱吗？让我们更感动的是，张老师对我们如亲人般的爱护是伴随终生的。我们每个同学的婚礼，只要邀请了他，他都会准时出席。当年，我的婚礼和班上另一位同学的婚礼正好是同一天，张老师马不停蹄地连跑两场，绝不缺席。

我在读书时期一直奉行的原则是，老师布置的事情要认认真真地完成，尽量不要给老师"添麻烦"，不主动跟老师"套近乎"。回想起来，老师给予我的关爱那么多，而我回馈他的确实比较少。直到大学毕业后，我回到珠海成为一名高校教师，反而跟张老师打起了更多的交道。近年来，我一直坚持回学校看看老师，一起聊聊工作、喝喝茶，一起组织学生活动，等等。有趣的是，我带过的学生朱玉清、王建平，毕业后竟也成了他的得力干将。我时常跟他开玩笑："也许我不是您最优秀的学生，但我绝对是能经常出现在您面前，'打扰'您的学生之一。"陪伴是最长情的告白，三载师生缘，一世师生情。

2022年的夏天，感谢母校给予机会，我们2004届的几位校友，陈军荣、徐超亮、林冰芯、林乐和我一起为美丽的校园增添了几块景观石。"乐学、求真、从善、创美"，石头上镌刻的校训警醒着一批又一批珠海优秀的年轻学子。恩师和母校让我们的生命里充满了理想和信念，充满了爱和温暖，滋养着我们的生命，我们永远感恩。

（叶玮茵，珠海一中2004届毕业生，现为中山大学教师）

感念来路，饮流怀源

高中三年，我非常有幸遇到很多优秀的师长，他们知识渊博、真诚负责，也遇到了一群优秀的同学，并成为挚友。在优美的校园里，我不仅学到了知识和技能，还拥有了各类校园活动的独家体验。回望来时路，感恩母校，才有了今天的我。

珠海一中浓厚的学习氛围托举学子全面发展、拼搏追梦。在这三年里，我遇到了许多老师，他们授课风格各异，但他们有着一些共同的品质：真诚、敬业、负责。有的老师能单手画出完美正圆；有的老师用清晰而美观的板书征服了全班；有的老师用三四种方法讲解一道题；有的老师把外刊搬到课堂，总结最实用的词句用法；有的老师办班刊、办新年分享会，注重同学们的自我表达；有的老师精心购买置于图书角的书籍，培养我们阅读的习惯……老师们可亲可敬，除了在课堂上倾力教授知识、尝试多种模式，在讲台下也奉行着"言传身教"，用自己的人格魅力感染学生，与我们亦师亦友。

在课程方面，除了固定的主科之外，艺体课程、各类校本课程或大学选修课，现在看来都是与高校教学模式接轨的课程设置，不愧是"用美的教育造就美的新人"。

除了老师和课程之外，优秀的同学们更是学习氛围的重要组成部分。课堂上他们的学习专注、思维活跃，课下几乎每个课间都有同学围着老师问问题。课堂之外，我们交流各自不会的题目和阅读过的书籍，有时一起看报纸，有时一起看电影和纪录片。有人起早贪黑，把午休前后的碎片时间也用来学习；有人高一就拿到出色的竞赛成绩；有人写短篇小说，就以一中的同学们为原型。

一中丰富多元的校园生活是高中三年的一抹亮色。学生自办的校运会一直是我们的骄傲，还有校运之夜、SMV歌手大赛、排球班赛、社团和学生会的活动等，提供了众多发现和培养自己兴趣特长的机会与平台，现在还是我们津津乐道的回忆。

一中校园环境优美，设施齐全，是徜徉漫游、休闲放松的好地方，我们在其中心情愉悦地学习。校园可以变身动物园，有锦鲤、孔雀和鸭子等，春日噪鹃声声，夏日蛙声阵阵；校园可以变身植物园，凤凰木、巴西鸢尾、杜英、芒果等分布在校园各处，一到季节，花开果垂，趣味十足。

记得有许多个阴雨天，我站在教学楼平台上，心里满是对未来的迷茫，过了一会，又回到教室里继续学习。现在看来，高中三年多少个普普通通的日夜，叠加起来是最珍贵的记忆。在南海之滨、凤凰山下乐学求真的岁月，终将汇成一中人共同的精神底色。

我的一中，希望你越来越好，也衷心祝福每一位一中人，前途远大，开创属于自己的美好生活。

（柯乔，珠海一中2020届毕业生，现就读于复旦大学）

心存美好，感恩无限

作为已经毕业三年的学生，高中时光的碎片已经在我的记忆里模糊，如远观一幅已完成的画作，曾经用心涂抹的每一笔早已化为一片缤纷的印记。但我如今依然常常想起她，我的母校——珠海一中。

在参加"一二·九合唱"比赛期间，我时常想起在校合唱团的日子。我永远不会忘记那个周二午后，在艺体楼三楼长廊，人未到教室已被和声击中，战栗从头皮席卷全身。在合唱团的乐声中，我找到了用声音诉说心情的力量。每一次排练，我们的声音汇成汪洋大海，激荡着彼此的心。一年之后，我作为女高声部长随队参加北欧世界合唱节，享受着从繁重学业里"偷来"的一段美妙旅程。作为珠海一中合唱团的一员，代表国家随团在外演出，酣畅淋漓地感受着努力过后获得肯定的幸福，《义勇军进行曲》响起，五星红旗飘扬，那一刻，只有在场的人能明白，为何双眼会渐渐模糊。

有时在燕园里看到红黑白配色的时候，恍惚中我会看成是一中校服，然后在脑海中随机回闪在珠海一中遇见的每一个人。忘不了张老师咧着嘴说"我始终看好你"，忘不了阮老师在课堂上说"功到自然成"，忘不了樊老师说"不要去管别人说什么、干什么，要沉得住气，要自信点嘞"，忘不了牟老师说"相信你的实力"，忘不了罗老师在走廊上说"你已经很棒了"，忘不了婷姐抱着我说"我们相信你有冲击屏蔽的实力，但更希望你快乐地度过最美好的青春，不要把这当成压力"，忘不了宁老师看着我说"你的化学可以95分以上"，忘不了朱老师在二楼拐角处与我谈心⋯⋯记得小熊写"我们爱你，不是因为你是第一。是我们先爱上你，然后因为你的好成绩，与有荣焉"。记得厚笙写下"也许她在很多人记忆里只是红榜上的名字，但在我的记忆里，她是一个如太阳般温暖，如火焰般炽热的身影"。记得杨烨说"可以对最后的结果有预期，但不要让它影响你现在的努力"。记得八省联考过后，我抱着致远痛哭流涕。还有在哪里从不缺席的越之，软软的憨憨的宝藏喜易萱，真诚关心着朋友的"野总"，每次贺卡都精心制作的一默，对朋友仗义勇敢的发光子淇，悄悄送来贴着暖心便利贴的春燕，默默递上柔软纸巾的Max……他们是我高中时光明媚的艳阳，散落的星光。

现在，我依然保持着高三的好习惯，在傍晚时分择一扇窗，等待如火的天和云，但北京的晚霞是少有的。记得高三楼下绿毯一般的是君子花，清香会随着夜色渐浓，不过今年回校再看，似乎已经被铲除了。当然，校园不会是一成不变的。

进入大学之后我意识到，知识性的记忆消失得特别快，但一中的记忆总会在意料之外的生活里闪现。在看到未名湖边的绿头鸭子的时候，在食堂斥16元巨资买下一盒半生的芒果的时候，在提笔写下英文发现还是衡水体的时候，也在我鼓起勇气攻读PPE的时候，在我决定担任羽毛球队长的时候，在选择参与支教的时候……在每一个我需要内心的勇气、正直、善良和坚持的时候，我会想起这座校园，并希冀着她在我，在你，在每一位一中人的心里可以构筑独属于你我的永远。

（欧阳乐泉，珠海一中2021届毕业生，现就读于北京大学）

忆那阳光灿烂的三年

在 2019 年的金秋九月，憧憬而又懵懂的我踏进了珠海一中的校门。那时的我绝对想不到，接下来我会在一中度过充实而又愉快的三年。这阳光灿烂的三年让我实现了质的飞跃，从迷茫少年蜕变成了以报效国家为己任的爱国青年。这三年为我未来的学习生活和工作奠定了坚实的基础，是我未来人生的压舱石之一。这三年就像一抹明媚灿烂的阳光，每每想起都让人心底暖融融的。

忆一中，一忆良师益友

每当我回想起一中，首先涌入脑海的就是在一中遇到的人。老师们性格各异，或温柔耐心，或风趣幽默，或严谨务实，但一致的是他们对于学生的悉心教导和耐心解释。老师们的教学方法各异，有的是板书派，一支粉笔就让学生陶醉在《滕王阁序》中久久难以忘怀，有的是 PPT 派，在课件中把各类知识点都一一归纳好，让同学们课后也可以根据 PPT 来复习归纳，但一致的是他们都希望尽自己所能把知识传授给学生。在一中，我遇到很多同学，和他们一起去晨跑、一起去图书馆自习、一起在艺体楼顶楼的羽毛球场挥洒汗水等。在这短暂又漫长的三年里，我们一起成长、一起进步，一起在"乐学、求真、从善、创美"的氛围里拼搏。

忆一中，二忆精彩生活

世界上的美味有很多，但一中的盐焗鸡和西红柿炒鸡蛋总是让我念念不忘。一中的食堂有许多美食，每一种都让我口齿生津。一中的校运会也是令人不舍的，不舍为比赛同学加油时候的热血沸腾，不舍"我是冠军"颁奖晚会的精彩表演，不舍逛摊位买纪念品的愉悦。

忆一中，三忆独特氛围

一中最让人难忘的，便是鼓励学生全面发展的浓郁氛围。一中始终坚持"用美的教育造就美的新人"的办学理念，不希望培养只会做题的应试机器。在教学氛围上，一中老师更加注重让我们理解而不是让我们死记硬背，更强调让我们主动学习而不是被动学习，更希望授人以"渔"而非授人以"鱼"。一中的这种学习氛围让我受益匪浅，让我在大学的学习生活中也获得了学习的"主动权"。面对大学的各种选择，我能够根据自己的需要挑选，我也懂得劳逸结合和按照兴趣选择的奥义。除了课内知识的学习，一中也注重培养我们德智体美劳全面发展。一中每年都会开展科技节、社团周、体育节等活动，全方位地帮助我们提升自己，希望我们能够成长为祖国奉献的栋梁。

最后，也祝愿初中的学弟学妹们在中考中取得理想的成绩，来一中与良师益友做伴，体验精彩生活，在独特氛围中涅槃蜕变，成为有理想、敢担当、能吃苦、肯奋斗的新时代好青年。

（余敏行，珠海一中2022届毕业生，现就读于同济大学）

第五章　创美育人的教育实录

　　学校教育是一个形式多样、丰富多彩的真实教育，校长是学校的"灵魂"，在学校教育过程中承担着教育的传播者、实践者和领导者的职能。学校的"三礼"（入学礼、成人礼、毕业礼）教育，学生自己主办的"三会一周一节"活动，都是"美的教育"实施的平台。这些平台让教育在学生身边发生。这里笔者选取五个不同的教育主题，一起身临其境地感受"美的教育"的"声音"。

第一节　新生入学教育

　　学生进入高中意味着将面临更大的学习压力、更广阔的知识领域和更丰富的人际交往。高中生活将成为学生追求梦想的重要阶段，学校将是他们奋斗的舞台和成长的摇篮。

　　对于高一新生来说，进入了高中阶段，学习环境发生了很大的变化。高一新生入学教育可以帮助他们更快地适应新的学习环境，熟悉学校的教学环境和规章制度，了解高中学习的要求和期望，以及学习方法和技巧。这将有助于他们顺利过渡初、高中生活，并取得良好的学习成绩。

　　高中阶段是学生追求卓越的重要阶段，高一新生入学教育可以帮助他们建立明确的学习目标和规划。培养学生制定长期和短期目标的意识，教育他们如何有效地管理时间和资源，以及如何制订学习计划，可以帮助他们更好地规划自己的学业，并增加成功的机会。

　　高一新生入学教育还可以帮助学生培养良好的学习习惯和自主学习能力，教育学生如何合理安排学习时间、制订学习计划、整理笔记、掌握学习方法和策略等，可以帮助他们养成高效的学习习惯。此外，培养学生的自主学习能力，可以使他们主动寻求知识、解决问题，并在学习过程中保持积极的态度和动力。

高一新生入学教育还可以为学生提供一个良好的社交平台，促进人际交往和社交能力的发展。组织开展各种活动，帮助学生建立友谊，培养团队合作精神，提高沟通能力、组织能力和解决问题的能力。这对他们在高中期间的学习和发展都至关重要。

高中是一个承上启下的阶段，承载着学生过去学习的积累和未来发展的期望。学生将接触到更加深入、更加系统的学科知识，面临更加严谨和更具挑战的学术要求。虽然学习压力更加大，但学生已经展现了追求进步和成就的决心。同时，高中也是学生展现自己才能和充分发展的阶段。学校将提供丰富多样的课外活动、社团组织和竞赛机会。通过积极参与这些活动，学生可以发现自己的兴趣和潜力，培养自信和领导能力。所以，高中生活不仅仅是书本知识的积累，更是全面发展的舞台。

在高中，学生还将面临更广阔的人际交往，将遇到具有不同特长和优势的同学。高一新生要保持开放的心态，主动结交新朋友，学会与人合作和相互尊重。团结合作是实现共同目标和个人成长的重要支撑，也是培养团队精神和社会交往能力的重要途径。高中生活是学生追求梦想的重要阶段。这个阶段，学生需要明确自己的目标和追求，并为之付出努力。学校是学生奋斗的舞台和成长的摇篮，教师团队竭尽全力提供最优质的教育资源和关怀，帮助学生取得进步和成就。同时，学校也提供丰富的学习资源和更高的发展平台，让学生展示才华、实现梦想。

首先，要有正确的态度和目标。高中三年的学习生涯是非常关键的，将直接影响学生未来的发展和人生道路。因此，学校希望学生能够端正学习态度，制定学习目标，明确自己的梦想和追求，并为之努力奋斗。

制定明确的学习目标对于学生至关重要。学生可以思考自己的兴趣、优势和未来的职业方向，以此来确定想要达到的目标。明确的目标可以激励学生更加努力学习和成长。学生一旦明确了学习目标，制订一个合理的计划是必不可少的。学生可以将长期目标分解成短期目标，并制订每日、每周、每月的学习计划。清晰的学习计划可以帮助学生更好地管理时间和分配资源。高中学习需要更多的自律和自我管理能力。学生要有意识地培养自己的自律能力，包括准时完成作业、遵守学校的规章制度、合理安排学习时间等。积极主动地参与课堂学习是取得好成绩的关键。主动提问、积极参与讨论、做好笔记并及时复习是有效的学习策略。学生要保持一定的好奇心和求知欲，主动探索和深入学习。学生遇到困难或有疑问时，不要害怕寻求帮助，要及时与老师、同学进行沟通，寻求他们的指导和支持。

高中学习是一个较长期的过程，其中可能会遇到一些困难和挫折，坚持不懈是取得成功的关键。无论遇到什么困难，都要保持积极的心态，相信自己的能力，并持之以恒地努力前行。尽管学习很重要，但也不要忽视其他方面的发展。学生要保持身心健康，参加课外活动，培养兴趣爱好，并与家人和朋友保持良好的人际关系。平衡生活可以帮助学生更好地应对学业压力。

其次，要注重打牢基础知识。高中学习的基础知识非常重要，因为它将为学生未来的深造和专业学习打下坚实的基础。不论是数理化、政史地、还是艺术和体育，都需要学生掌握和理解基础知识。

课堂是学习基础知识的主要场所。课上，学生要积极参与，专注听讲，做好笔记，并及时复习课堂内容；课后，要整理和巩固所学的知识，及时解决自己的疑问。高中基础知识通常包含一些关键概念和原理，不能死记硬背，要努力理解这些概念的内涵和逻辑关系。只有真正理解了概念，才能更好地应用和扩展知识。做练习是巩固基础知识的重要方法。通过大量的练习，学生可以熟练掌握基础知识，并在实践中加深理解。同时，做练习也可以让学生发现自己的薄弱点，及时调整学习策略。高中学习不能仅仅依赖教科书，还要利用其他多样化的学习资源。参考辅导书、教学视频、在线学习平台等，这些资源可以提供更丰富的解释和示例，帮助学生更好地理解和掌握基础知识。制订一个合理的学习计划，可以确保学生有足够的时间学习和巩固基础知识。因此，学生要合理安排时间，坚持每天完成学习任务，避免拖延和临时抱佛脚。

同时，要善于合作与交流。高中不仅是学习知识的时期，也是锻炼人际关系的时期。学生要积极参与班级活动、社团组织，与同学建立良好的友谊。班级活动是认识同学、建立友谊和团队合作的好机会。参加班级组织的活动，积极参与班级讨论和决策，可以展示自己的才华和领导潜力。社团组织是培养合作与交流能力的重要平台。选择自己感兴趣的社团，与志同道合的同学一起合作，共同追求目标，锻炼合作与交流能力。良好的合作与交流离不开倾听和沟通。学会倾听他人的意见和想法，尊重不同观点，善于表达自己的观点和想法，可以建立起有效的沟通和合作关系。合作与交流需要尊重他人和合作伙伴的意见和贡献。学生要尊重别人的想法和感受，理解彼此的差异，并以合作的态度共同解决问题和实现目标。在合作与交流中，培养团队精神是至关重要的。学生要学会分享、支持和鼓励团队中的其他成员，激励大家共同努力，实现共同的目标。学生通过积极参与班级活动、社团组织和团队合作，培养出良好的合作与交流能力，同时建立起持久的友谊。

再次，要积极参与社会实践和志愿服务。学校会提供一系列的社会实践和志愿服务机会。通过参与社会实践和志愿服务，学生更好地了解社会，培养社会责任感，同时也能提高组织能力和团队合作能力。

了解学校或社区提供的社会实践和志愿服务机会。学生可以向老师或学校团委的志愿者服务队咨询，了解最新的活动和项目，关注社会问题和公益事业。学生可以选择自己感兴趣的领域，例如环境保护、老人陪伴等，并积极参与相关的实践和服务活动。学生可以与其他同学一起制订计划、分工合作，并共同参与社区服务、义教活动等。参与社会实践和志愿服务需要有责任感和奉献精神。学生要认识到自己对社会的责任，理解帮助他人的重要性，并持之以恒地参与相关活动。参与社会实践和志愿服务是一个学习和成长的过程。在参与活动后，学生要及时反思自己的经验和感受，思考如何改进和提升自己的服务能力。

社会实践和志愿服务通常需要与他人合作。学生可以与志同道合的伙伴一起参与，共同努力，互相支持和学习，提升团队合作能力和组织能力。学生可以参与社会实践和志愿服务，可与各行各业的人建立联系和网络，与其他志愿者、社区组织或相关机构建立良好的关系，将来可能为学生的学习和发展提供机会和资源。

最后，要保持积极向上的心态。高中生活不仅仅是学习，也是成长和探索的过程。在这个过程中，学生可能会面临挫折和困难，要相信自己的能力，保持积极向上的心态，勇往直前，永不放弃。

第二节 革命文化教育

　　革命文化是中国共产党带领中国人民在进行革命、建设、改革的伟大征程中孕育锻造出来的宝贵精神财富，是党的历史的重要组成部分。发端于20世纪初的中国革命文化，植根于中国新民主主义革命的土壤之中，沐浴着中国革命的风雨成长壮大。革命文化是中国共产党人创新精神与斗争实践相结合的产物，本质上是一种推陈出新、与时俱进的文化。它既有鲜明的时代特征，也被刻上了深深的民族印记。它吸取中华优秀传统文化的有益营养，采用民族文化的形式，但又不限于对传统文化简单的因循承袭。它以独有的革命性和进步性特质，开创了中国文化的一个新的发展阶段。

　　没有中华优秀传统文化、革命文化、社会主义先进文化的底蕴和滋养，信仰信念就难以深沉而执着。我们对党的奋斗历史了解得越多，对革命文化的属性、意义和作用也就会有更加深刻的理解。对中小学生进行革命文化教育，为其植入红色基因，是贯彻党的教育方针、落实立德树人根本任务的需要，是增强学生对伟大祖国、中华民族、中华文化、中国共产党、中国特色社会主义认同的必然要求，对于传承革命文化和社会主义先进文化，培养德智体美劳全面发展的社会主义建设者和接班人具有重要意义。珠海市第一中学秉承"用美的教育造就美的新人"的办学理念，在教育过程中，利用革命文化要素，创美育人，培育敢担当的时代青年。

一、课堂教学浸润革命文化教育

课堂教学是学生获取知识、增长见识的主要途径之一，教师应当通过课堂教学向学生传递正确的价值观、道德观，引导学生树立正确的世界观、人生观和价值观，向学生传递正面的人格品质、道德规范和行为准则，让他们在学习的同时受到德育的熏陶。

课堂教学中浸润革命文化教育可以帮助学生更好地了解、认识和传承革命文化精神，激发学生的爱国热情和民族自豪感。精选革命文化经典作品并结合历史背景和时代特点进行深入分析、解读，同时利用多媒体手段展示体现革命文化内容的影视资料、音乐作品、美术作品等，让学生感受到革命文化的魅力和感人之处。

语文是落实革命传统教育的重要课程，在传承和弘扬革命文化中发挥了重要的作用。语文教材中有很多英雄、模范的真实鲜活的形象，教师在进行知识教学的同时更要加强情感培育，使红色基因渗进血液、浸入心扉，培养他们的爱国主义情操和英雄主义精神，培养他们坚强的革命意志力和自强不息的奋斗精神。

新课标教学理念下的语文教学，可以将戏剧《茶馆》与《阿Q正传》《纪念刘和珍君》和《为了忘却的记念》进行整合设计，深入探讨近代中国国民心理和时代选择的艰辛历程，使学生深刻领悟革命先驱在沉重的历史阶段对信仰的选择和坚守；可以将《长征胜利万岁》进行语文、政治、历史、地理等多学科融合的项目式教学设计，引导学生深刻认识历史和人民选择马克思主义、选择中国共产党、选择社会主义道路的原因，牢记中国人民在共产党的带领下筚路蓝缕、坚定执着，努力奋斗在新长征的道路上。

历史课中的古今中外历史知识，帮助学生了解人类历史的进程，深入理解历史事件的背景、原因和影响。历史课中的辛亥革命、五四运动、土地革命和中国共产党领导的抗日战争等内容，可以充分激发学生的革命精神和爱国热情，培养学生的责任担当意识，鼓励学生努力学习、报效祖国。

我校历史科组在指导学生开展研究性学习过程中，发掘本地历史人物，研究出生于珠海的"中国留学生之父"容闳。纪录片《我的少年梦——容闳》荣获第四届"教育博览会"特等奖。戏剧编创校本课程的师生们努力搜寻珠海革命者足迹、挖掘红色史料，将红色血脉传输到时代脉搏，创作了诗歌《珠璨新南海 龙腾大湾区》，在珠海市经典诵读大赛中勇夺一等奖。

二、实践活动体验革命文化教育

我校利用主题班会、升旗仪式、文体赛事、党课团校等形式多样的校园实践活动，对学生进行革命文化教育，拓新育人平台。主题班会让学生更深入地了解历史，增强对革命文化的认同感；升旗仪式让师生在庄严的仪式中纪念革命先烈，表达爱国主义情感；文体赛事帮助学生发展身体和智力，同时也能锻炼其意志力和团队协作能力；党课让学生更加全面深入地了解党的历史、理论、路线、方针和政策，增强他们的思想政治素质和党性观念。通过这些形式多样的校园实践活动，学生可以在参与中感受到革命文化的魅力和力量，从而更好地认识和了解中国的革命历史和文化。

我校"青马工程"学员们以情景体验、瞻仰缅怀等形式，采取学、思、践、悟相结合的方式，重温入团誓词，用好红色资源"活教材"，深入红色革命教育基地接受红色教育洗礼，坚定共青团坚定不移跟党走，为党和人民奋斗的初心。话剧社开展了《仰望那颗星》专题话剧场，深情地演绎科学家们的动人故事，向钱学森、邓稼先、梁思礼、南仁东等科学元勋们致以最崇高的敬意。"每周一星""感动一中"人物评选等活动，推选出学校里践行革命文化精神的师生，充分发挥他们的引领、示范和带头作用，激发全校师生爱岗敬业、无私奉献、严谨治学、拼搏奋进的学习和工作热情。

三、校园氛围升华革命文化教育

校园氛围的营造对丁学生的革命文化教育起到了重要的作用。学校充分利用和发掘校内外资源，在文化建设中营造革命文化教育的浓厚氛围，通过环境潜移默化地陶冶学生情操，帮助其传承革命理想和家国情怀。学校里革命历史主题的雕塑、纪念碑、墙画等装饰，将革命历史的内容与艺术表现相结合，不仅可以美化校园环境，让学生欣赏美，还可以引导学生认识和了解革命历史，感受革命历史的魅力和意义。通过这些装饰，学生还可以更直观地感受革命历史所蕴含的深刻含义，认识和了解革命历史人物的事迹和奋斗精神。

伫立在我校校园的"两弹一星"元勋邓稼先、文坛巨匠巴金的铜像，时刻引领着学生勇敢担当、不惧失败，激发他们建功立业、复兴中华的奋斗热情。在我校的党群教育中心，学生回顾中国共产党成立一百多年来的光辉历程，重温革命先烈的英勇事迹和铮铮誓言，为新中国的伟大成就而倍感振奋。在国庆、新年、抗日战争胜利等节日、纪念日，我们都要教育学生不忘为新中国浴血奋战牺牲的英烈们，不忘保家卫国、负重前行的英雄们。我校充分利用电子班牌、滚动屏幕、校刊、宣传栏等媒体宣传形式，全面营造革命文化教育氛围，培养学生对革命领袖、革命英雄、仁人志士的敬佩之情，发掘革命传统与革命精神的现实意义，构建青少年共同的精神家园，铸牢中华民族共同体意识。

四、通过榜样人物激励革命文化教育

榜样人物的事迹和精神对于学生的成长和发展具有重要的意义。他们的先进事迹和崇高精神是我们学习和传承的宝贵财富，可以帮助我们更好地认识和理解国家和社会的发展历程，增强民族自豪感和文化自信心，同时也可以激发我们的爱国热情和责任感。在革命文化教育中，我们应该充分发挥榜样人物的激励作用，通过多种方式让学生了解和学习其先进事迹和崇高精神，激励学生树立正确的人生观和价值观，引导他们积极向上、勇往直前，发扬爱国主义精神和革命精神，让学生成为更有责任感、有担当的青年。

珠海市第一中学先后被评为全国航空特色学校、"空军飞行学员优质生源基地"和"全国航空特色学校示范学校"。学校邀请了"歼轰7A"和"运-20"总设计师唐长红院士，"小鹰-500"总设计师龚国政，参与我国首批箭载、星载太空探测仪的设计研制和卫星轨道计算的潘厚任，航天英雄翟志刚、刘伯明、景海鹏、王亚平等到我校进行专题讲座。科学家们艰苦奋斗、淡泊名利、团结拼搏、忠贞报国的精神在学生心中播下了科技报国的种子，至今已有17名同学被录取为中国人民解放军空军航空大学学员。"特别能吃苦、特别能战斗、特别能攻关、特别能奉献"的载人航天精神，已经成为珠海市第一中学的精神坐标，激励学生要把个人理想自觉融入全面建设社会主义现代化国家的伟大事业中去。

一直以来，珠海市第一中学持续不断开展革命文化教育，让学生传承红色基因、赓续红色血脉、弘扬革命精神，铸就爱国之魂、砥砺强国之志、实践报国之行，让革命传统精神在青年学子心中牢牢扎根，代代相传、发扬光大。未来，珠海市第一中学将继续深入、扎实、创新地开展革命文化教育活动，引导学生勇担使命，把爱国情、强国志、报国行自觉融入实际行动中，确保党的革命事业血脉永续。

第三节　中华优秀传统文化教育

　　高中阶段是学生成长和塑造人格的重要时期。我们秉持对中华优秀传统文化的热爱和传承，致力于为学生提供全面的教育，包括中华优秀传统文化素养的培养和优秀传统道德素养的培养。

　　高中阶段也是学生成长和塑造人格的关键时期，学校深信中华优秀传统文化的重要性，并将其作为教育内容的重要组成部分。中国传统优秀文化作为我们民族的瑰宝，是千百年来先民智慧与精神的积淀。我们坚信通过中华优秀传统文化素养的培养和传承，能够为学生提供全面的教育，塑造他们良好的人生观和价值观。

　　通过学习中华优秀传统文化，学生能够更好地认识自己的根源和身份，增强自豪感和自信心。古代先贤的伟大事迹和智慧思想，能够激励学生向上进取，并帮助其树立正确的人生观和价值观。学习中华优秀传统文化有助于培养学生的道德品质和人格。中国传统文化强调的诸如孝顺、诚信、谦逊等道德准则是社会发展的基石。通过学习中华优秀传统文化，学生能够接触到这些道德准则，并将其应用到日常生活中，这将有助于培养学生出色的品格和高尚的道德情操。传统文化中蕴含着丰富的艺术形式和美学理念，如古典诗词、传统音乐、书法绘画等。通过学习和欣赏这些传统艺术，学生能够培养自己的审美情趣，提高审美能力和艺术修养，这将使他们更加能够欣赏美的事物，同时也培养他们创新思维和独立思考的能力。

首先，中华优秀传统文化教育能够培养学生的审美情操。中国传统文化以其深邃的思想和精美的艺术享誉世界。通过学习古诗词、书法、绘画和音乐等传统文化，学生能够感受到美的力量和内涵，培养对美的欣赏能力和审美情操。

古诗词是中国传统文化的瑰宝之一。通过学习古诗词，学生能够领略到其中蕴含的深邃思想和优美的语言表达。古诗词中的意象和意境能够引发学生的想象力和感知能力，培养他们的审美情趣和艺术鉴赏能力。

书法和绘画是中国传统文化的重要组成部分。通过学习和练习书法，学生能够体会到每一笔、每一画所蕴含的美感和独特的艺术风格。绘画则让学生通过色彩、形态和构图表达自己的情感和思想，培养他们的艺术感知和表现能力。

音乐是情感表达和艺术沟通的媒介。中国传统音乐以其独特的音色和情感表达方式闻名于世。通过学习音乐，学生能够感受到其中的韵律美和情感表达，培养自己的音乐欣赏能力和审美情操。

通过学习传统艺术形式，学生不仅能够欣赏美的力量和内涵，还能够培养自己的创造力和表达能力。学生从学习中获得艺术的启迪，更好地理解和欣赏世界上各种不同形式的美。因此，中华优秀传统文化教育在培养学生的审美情操方面具有重要意义。它不仅能够提升学生的审美水平，还能够丰富他们的内心世界，使他们成为有艺术鉴赏力和创造力的人才。传统文化的美还将激发学生的激情和创造力，使他们在艺术领域中展现出自己的风采。

其次，中华优秀传统文化教育有助于培养学生的道德品质。中国传统文化强调儒家思想的核心价值观，如仁爱、诚信、孝顺和忠诚等。通过学习经典著作和传统故事，学生能够了解这些价值观的内涵，并将其应用到日常生活中，培养自己的道德品质和健康的人格。通过学习经典著作，如《论语》《大学》等，学生能够了解儒家思想的精髓和智慧。这些经典作品中蕴含着对人际关系、社会道德和人生价值的思考，能够引导学生树立正确的道德观念和行为准则。学生通过学习经典著作中的故事和寓言，能够领悟其中的道理，并在实际生活中运用。

中华优秀传统文化中也有许多脍炙人口的传统故事。通过了解这些故事，学生能够感受到传统文化对于高尚品德和道德的重视。这些故事中的英雄人物和伟大事迹激励着学生学习并追求卓越的道德行为，激发他们对美好品质的向往。中华优秀传统文化教育不仅仅是传授知识，更重要的是培养学生的道德情操和品格。学生通过学习和体验传统文化中的道德价值，能够在日常生活中明辨是非、善恶，并选择正确的道德行为。这将帮助他们树立正确的价值观，养成具有社会责任感和正义感的人格。中华优秀传统文化教育对于培养学生的道德品质和健康的人格具有重要意义。通过传递儒家思想的核心价值观和传统故事中的道德智慧，引导学生追求仁爱、诚信、孝顺和忠诚等美德，培养具有高尚道德品质的新时代公民。这样的教育将有助于构建和谐、文明的社会，培养出有品德、有担当、有责任感的社会栋梁之才。

最后，中华优秀传统文化教育有助于培养学生的综合素养。中华优秀传统文化以其广博的知识体系和博大精深的思想成为世界瞩目的瑰宝。学习中国古代哲学、历史、科学和医学等方面的知识，有助于培养学生独立思考、批判性思维和终身学习的能力，提升他们的综合素养和学术水平。

中国历史悠久丰富，学习历史能够帮助学生了解过去的经验和教训，从中吸取智慧和启示。通过学习历史，学生能够了解社会的变迁和人类文明的发展，培养对优秀传统文化的认同和自豪感。同时，学生也能够通过分析历史事件和人物，培养自己的批判性思维和综合分析能力。

传统文化还涉及科学、医学等领域的知识。中国古代在科学和医学方面也有卓越的成就。通过学习古代的科学理论和医学知识，学生便能够了解古代科学家和医学家的智慧和贡献。这将有利于培养他们对科学和医学的兴趣，促使他们积极追求知识，提升自己的学习水平。

为了更好地开展中华优秀传统文化教育，我校采取了一系列的举措。我们加强传统文化课程的设置，为学生提供广泛而深入的学习机会。我们邀请专家学者开展讲座和研讨，丰富学生的文化体验和知识储备。同时，学校还组织丰富多彩的传统文化活动，如传统节日庆祝、经典文化展示和校园文化周等，让学生参与其中，感受传统文化的魅力和活力。

我校通过整合课程，在课程设置中融入中华优秀传统文化的元素，例如开设传统文化课程、文学欣赏课程、传统音乐与舞蹈课程等。这样学生就能系统地学习中华优秀传统文化的内容，增进对其的了解和热爱。我校还定期邀请专家学者来开展讲座和研讨，分享传统文化中的知识和智慧。这为学生提供直接接触专业知识的机会，激发其对传统文化的兴趣和研究的热情。我校团委举办各种形式的传统文化活动，如传统节日庆祝、经典文化展示、传统手工艺制作等。这些活动可以让学生参与其中，体验中华优秀传统文化的魅力和活力，加深对中华优秀传统文化的理解和认同。学校创建了中华优秀传统文化交流平台，鼓励学生展示自己的才艺和研究成果。学校可以组织中华优秀传统文化知识竞赛、演讲比赛、艺术展览等活动，为学生提供展示和交流的机会，激发他们的学习兴趣和创造力。我校通过现代科技手段，如虚拟现实技术、在线资源等，创新传统文化教学方式。学校通过使用多媒体教材、在线学习平台等，提供丰富多样的学习资源和互动体验，增强学生对中华优秀传统文化的学习兴趣和参与度。通过这些举措，我校能够更好地开展中华优秀传统文化教育，为学生提供更丰富的学习机会和体验，促进他们对传统文化的理解、认同和传承。这样的教育有助于培养学生的文化自信和综合素养，为他们的成长和未来发展奠定坚实的基础。

优秀传统文化是我们的根和魂，它的传承和发展需要我们每个人的共同努力。学生要努力学习、理解和传承中华优秀传统文化，培养自己高尚的传统文化素养和道德品质，成为有优秀传统文化底蕴和现代素养的新时代人才！

第四节　科技创新教育

在当今科技高速发展的时代，培养拔尖创新人才已成为我校的重要使命。科技创新是推动国家发展的重要引擎，而拔尖创新人才的培养则是科技创新的重要保障。

我校以科技创新为主线，为学生提供全方位的教育和培养，努力将学生培养成为具有创新思维和实践能力的拔尖人才。科技创新需要有扎实的学科知识作为基础。我校为学生提供全面、系统的学科教育，培养学生在数学、物理、化学、生物等领域的专业素养。同时，我校鼓励学生积极参加科技竞赛和科研项目，通过实践锻炼自己的科学研究能力和解决问题的能力。

我校注重创新思维和实践能力的培养。创新是推动科技发展的核心能力，我校培养学生敢于挑战和创新的思维，鼓励学生勇于探索和实践。我校为学生提供创新创业的平台和机会，从理论到实践，从仿造到创新，培养学生的创新意识和创新能力。科技创新往往需要团队的合作和协同。我校组织学生参与科技创新团队，培养学生的团队合作精神和沟通协作能力。我校关注社会问题和人类需求，鼓励学生将科技成果用于解决现实问题，培养学生的社会责任感和使命感。

在当今科技高速发展的时代，学生肩负着科技兴国的主要责任。科技的快速发展已经深刻地改变了我们的生活和社会，而高中生作为未来的希望和接班人，承担着推动科技进步和国家发展的重要使命。

首先，要注重学科知识的学习。学生在学习学科知识的过程中，要保持勇于探索和追求卓越的精神。学生不仅要学会应用已有的知识，还要勇于挑战自己，追求新的知识和发现。参加数学、物理、化学等学科竞赛，通过与其他优秀学生的交流和比拼，学生不断提高自己的学科水平和解决问题的能力。积极参与科技创新项目也是培养创新思维和解决问题能力的重要途径。通过参与科技创新项目，学生有机会运用学科知识解决实际问题，培养自己的创新能力和实践能力。这些经历不仅会丰富学生的学习经验，还能培养学生的团队合作精神和创造力。因此，学生要注重学科知识的学习，积极参加竞赛和科技创新项目，不断提高自己的学科水平，为科技创新和国家发展做出贡献。

其次，要关注前沿科技动态。科技领域日新月异，不断涌现出新的科学发现和技术突破。学生要时刻关注科技前沿，通过阅读科技期刊、参加科技讲座和研讨会，了解最新的科学研究成果和创新应用，拓宽自己的科技视野，保持对科技的敏感性和好奇心。同时，学生还可以关注相关领域的专家学者和科技机构发布的信息，以获取权威的科技信息。参加科技讲座和研讨会是拓宽科技视野的重要途径。这些活动通常由专家学者和科技领域的从业人员主讲，能够深入解析前沿科技的最新进展和应用。通过参与讲座和研讨会，学生可以与领域内的专家交流，深入了解科技领域的前沿知识和研究方向。

再次，要培养创新思维和实践能力。创新是科技发展的核心要素，要培养学生敢于质疑和思考、勇于挑战传统观念和方法的精神。学生要积极参与科技创新实践项目，这既可以提高自己的创新能力和实践能力，又可以锻炼自己的实际操作能力和解决问题的能力。在学习和探索的过程中，学生不仅要掌握基础知识，还要学会提出问题、思考问题，并寻找解决问题的方法。学生可以选择参与科研项目、科技竞赛或创新实验等活动，通过自主设计、实验操作和数据分析等过程，培养解决问题和创新的能力。在实践中，学生可能会遇到挑战和困难，但要坚持不懈、勇往直前，学会从失败中吸取教训，不断改进和调整自己的方案，勇于尝试新的方法和思路，不断提升自己的创新能力。

最后，要培养学生团队合作和社会责任意识。科技创新往往需要团队的协作和合作。在高中阶段，学生要学会与他人合作，培养团队意识和沟通协作能力。在科技创新项目中，团队成员之间需要相互配合、相互支持，共同追求项目的成功。学生要学会倾听他人的意见和建议，尊重团队成员的贡献，学会合理分工和任务分配，充分发挥每个人的优势，共同解决问题和完成目标。良好的沟通是团队合作的基础。学生还要学会表达自己的观点和想法，学会倾听他人的意见和反馈。有效的沟通，能够更好地协调团队的行动，促进团队成员之间的理解和合作。科技创新对社会发展和人民生活具有深远的影响，作为拔尖创新人才，应当关注科技创新的社会价值和影响，要将自己的科技成果用于造福人类，关注解决社会问题和满足人民需求的创新方向，为国家和社会做出贡献。

培养拔尖创新人才是一项长期而艰巨的任务，但也是一项充满希望和挑战的事业。作为珠海市第一中学的师生，我们肩负着重要的责任，需要共同努力，为培养和成为优秀的创新人才而不懈奋斗。

第五节　青春励志教育

高三是人生履历中最为亮丽的一道风景线。高三生活融入了奋斗拼搏的乐趣、高效充实的美感，学生会情不自禁地为这段高效充实、奋斗拼搏的人生而骄傲，而引以为豪。

首先，保持拼搏的精神。高三成功，唯有拼搏。拼什么？拼效率，拼勤奋，拼心态，拼意志，拼潜力。严格要求自己是拼搏成功的保证。拼体力，身体是革命的本钱，不能放松体能的提升，因为竞争也需要强有力的体魄做保证。

其次，把目标放在心底珍藏。每一个学生最终必定要选取一所大学为自己的主要目标，然后填报志愿，走进理想的大学。明确的目标，才能让我们有笃定的选择和行动。合抱之木，生于毫末；九层之台，起于垒土；千里之行，始于足下。每天一小步，一月一大步，一年一进步。学生心里应该有这样的目标：考入自己心中的理想大学，将来为国家、为民族贡献出自己的青春年华。

再次，保持自信，胜人者有力，自胜者强。高三每一位学生要无条件相信自己。学生应该有种霸气，这种霸气不是对别人的视而不见，而是对自己的一种完全的信任并且为之努力的冲劲和誓死不归的勇气。培养自己的"抗打击力"，自己与自己比，哪怕是一点点进步，都要给自己呐喊助威。每个人在复习中都会遇到困难，这时千万不要畏忌，任何困难都有解决的方法，是雄鹰就要搏击长空，是海燕就要勇斗风雨。

另外，懂得珍惜和感恩。或许有的学生埋怨父母不理解自己，埋怨老师的高标准的管理不合自己的心意，埋怨学校制度太不近人情，埋怨同学之间缺少真情，埋怨高考太过残酷，埋怨高中生活过于单调辛苦，但在怨天尤人中折磨着自己，何尝不是荒废光阴。我们应该珍惜我们有健康的身体，有这样读书的环境（优美的校园、舒适的教室等），有如此敬业的老师，有如此关爱自己的父母，有一个通过自己的努力奋斗改变人生命运的机会，有着令人羡慕的青春年华。只有学会珍惜才会感恩，感恩才会有爱，有爱才有激情和拼搏。

最后，要形成一个团结向上的集体。一个关系紧张的班集体，对每个人的发展都是不利的。同学之间应有合作关系，大家应在学习上互相帮助，互通有无；在生活上相互理解，相互关心，共同进步。学校提出"用美的教育造就美的新人"的办学理念，倡导师生以美育美、各美其美、美美与共、和美发展。在竞争的范围上，要开阔自己的眼界，不要囿于一个班级、一个学校，我们要把自己置身于全省。要通过同学之间真诚的互助，构建一个强大的学习场，而这个学习场是帮助你参与更大竞争的强有力的后盾。学习场的运行有赖于每一个人参与，积极主动学习他人智慧的同时，热情地释放自己的智慧，与他人共享，在比较中寻找差距，扬长避短，成就未来，成就美好。

宝剑锋从磨砺出，梅花香自苦寒来。在礁石的背面，风平浪静，藏在其中的珊瑚虫显得死气沉沉，毫无生机，而且死亡率极高；在礁石的外面，巨浪翻滚，生存于此的珊瑚虫却显得生机勃勃，光彩夺目，并快速地生长繁殖。人在一定的程度上与珊瑚虫是一样的，也需要冲击、摩擦、锻炼。高考是我们成长道路上第一次大的考验，经受住了这次考验，学生也将像礁石外面的珊瑚虫一样光彩照人。时光如流水一般，一去不返。面对高考，勇敢向前看，相信自己。每个人只要下定决心、不断奋斗、排除万难，人生路最后通向的一定是胜利！

主要参考文献

［1］北京大学哲学系美学教研室.西方美学家论美和美感［M］.北京：商务印书馆，1980.

［2］布洛诺夫斯基.巫术、科学与文明［M］.刘靖华，译.北京：科学普及出版社，1991.

［3］蔡元培.美育实施的方法［M］.北京：商务印书馆，1925.

［4］陈桂兰.制度建设：学校管理有效性的基石［J］.学术与实践，2022（1）：52-56.

［5］陈俊超.普通高中导师制实施的问题及对策研究——以潍坊市M学校为例［D］.济南：山东师范大学，2021.

［6］陈强."德育导师制"背景下高中德育工作模式的探索与实践［J］.学周刊，2023（11）：118-120.

［7］陈颖.优秀传统文化融入学校管理的策略探究［J］.文化创新比较研究，2022（24）：149-152.

［8］崔自勤.新时代高中学校德育体系构建的实践探索［J］.吉首大学学报（社会科学版），2019，40（S1）：270-274.

［9］邓斌.中华优秀传统文化与社会主义核心价值观建设［D］.长春：

东北师范大学，2016.

　　［10］　丹纳.艺术哲学［M］.傅雷，译.北京：人民文学出版社，1963.

　　［11］　丰子恺.丰子恺文集：2［M］.丰陈宝，丰一吟，丰元草，编.杭州：浙江文艺出版社，1990.

　　［12］　顾明远.论中国传统文化对中国教育的影响［J］.杭州师范学院学报（社会科学版），2004（1）：1-9.

　　［13］　郭纪焕.全员育人导师制的实施与反思——以"Z市第十八中学"为例［D］.曲阜：曲阜师范大学，2016.

　　［14］　贺恩格.普通高中学生社团管理研究——以华容县第四中学为例［D］.长沙：湖南师范大学，2012.

　　［15］　黑格尔.美学 第三卷 上册［M］.朱光潜，译.上海：商务印书馆，1979.

　　［16］　黄荣全.构建激励教育体系 促进学生全面发展——优质高中学校激励教育系统化的实践与探索［J］.福建基础教育研究，2015（11）：11-13.

　　［17］　霍华德·加德纳.多元智能［M］.沈致隆，译.北京：新华出版社，1999.

　　［18］教传杰.浅析核心素养背景下的高中德育工作实践与探究［EB/OL］.（2022-10-21）［2023-06-12］.https://kns.cnki.net/kcms2/article/abstract? v=3uoqIhG8C467SBiOvrai6TdxYiSzCnOET0Xr_I8pgMuCFSD7JyYj-rI4MhOS7EcOvLoXRDMLRWxd2_Y4h4-O0ZhiaEvXQY87pyS3Ghy4zSE% 3d&uniplatform=NZKPT.

　　［19］　康春凤.高中生传统文化素养现状及策略研究［D］.新乡：河南师范大学，2017.

　　［20］　卡西尔.人论［M］.甘阳，译.上海：上海译文出版社，1985.

　　［21］　李红军.探讨传统文化教育在高中校园文化建设中的融入［J］.

中国教育学刊, 2018 (S1): 1-2.

[22] 李娟."立德树人"背景下高中德育教学创新研究 [J].启迪与智慧(上), 2022 (11): 73-75.

[23] 李木洲, 刘子瑞.综合素质评价牵引高质量育人体系建设: 历史脉络、现实意蕴与实践策略 [J].河北师范大学学报(教育科学版), 2022 (3): 32-38.

[24] 李西建.美学的生态学时代: 问题与意义 [J].陕西师范大学学报(哲学社会科学版), 2002 (3): 24-27.

[25] 李玉仁.开展传统文化教育 提升学校管理效能 [J].学周刊, 2022 (28): 12-14.

[26] 李泽厚.批判哲学的批判: 康德述评 [M].天津: 天津社会科学院, 2003.

[27] 利群.育人路上的新举措: 谈谈践行高中科任导师制的体会和思索 [A].//北京中教创新软件发展研究院.国家教师科研基金十一五阶段性成果集(广西卷) [C].北京中教创新软件发展研究院, 2010: 3.

[28] 列·斯托洛维奇.审美价值的本质 [M].凌继尧, 译.北京: 中国社会科学出版社, 1984.

[29] 刘凤玲, 任波.中华优秀传统文化融入高中德育工作研究 [J].教书育人, 2022 (32): 22-25.

[30] 刘金龙.信息网络时代下普通高中学校管理的创新路径 [J].华人时刊(校长), 2022 (9): 35-37.

[31] 刘永和.学校管理的"三重境界" [J].华人时刊(校长), 2022 (10): 8.

[32] 刘增兰.高中生职业生涯规划教育课程体系构建研究 [J].新课程研究(上旬刊), 2019 (1): 84-85.

[33] 马克思恩格斯选集: 第一卷 [M].2版.北京: 人民出版社,

1995.

　　[34] 潘建荣，张春燕.实施全员导师制的历史逻辑与时代选择 [J].上海教育，2021（13）：47.

　　[35] 荣格.探索心灵奥秘的现代人 [M].黄奇铭，译.北京：社会科学文献出版社，1987.

　　[36] 萨顿.科学的历史研究 [M].赵慕兰，译.北京：科学出版社，1990.

　　[37] 斯宾塞.斯宾塞教育论著选 [M].胡毅，王承绪，译.北京：人民教育出版社，2004.

　　[38] 苏宝梅.我的和谐伦理观 [J].济南大学学报（社会科学版），2003（3）：1-10，92.

　　[39] 苏霍姆林斯基.给教师的建议 [M].杜殿坤，译.北京：教育科学出版社，1984.

　　[40] 苏霍姆林斯基.教育的艺术 [M].肖勇，译.长沙：湖南教育出版社，1983.

　　[41] 陶行知.中国教育改造 [M].北京：东方出版社，1996.

　　[42] 陶行知，等.生活教育文选 [M].胡晓风，等编.成都：四川教育出版社，1988.

　　[43] 陶行知.陶行知全集：第五卷 [M].华中师范学院教育科学研究所，主编.长沙：湖南教育出版社，1985.

　　[44] 王秀芳.中学生社团活动对校园文化的影响 [D].南京：南京师范大学，2005.

　　[45] 吴向辉.注重传统文化浸润力量　促进学校管理现代化 [J].华夏教师，2022（35）：18-20.

　　[46] 习近平.在北京大学师生座谈会上的讲话 [M].北京：人民出版社，2018.

［47］ 杨莉．中华优秀传统文化传承视角下高中生道德人格教育问题研究［D］.信阳：信阳师范学院，2018.

［48］ 杨勇．加强高中学生社团建设的思考［J］.考试周刊，2021（60）：25-26.

［49］ 杨振宁，董群．东西方教育文化的差异：兼谈科学美［J］.科学学译丛，1991（5）：10-17.

［50］ 虞晓贞．创新实践全员导师制 积极推动育人方式变革［J］.上海教育，2021（30）：14.

［51］ 玉溪市民族中学课题组．高中德育体系的重构与建设——"整体性德育管理系统的构建与实施"课题研究［J］.玉溪师范学院学报，2008（10）：61-67.

［52］ 臧健．新时代背景下高中德育的创新实践探究［J］.华夏教师，2022（32）：6-8.

［53］ 曾晓洁，顾明远，鲍东明．基础教育治理模式创新与学校变革［M］.大连：辽宁师范大学出版社，2021.

［54］ 中共中央党史和文献研究院．习近平关于注重家庭家教家风建设论述摘编［M］.北京：中央文献出版社，2021.

［55］ 张力文．高中学生社团自主发展的实践研究［D］.上海：华东师范大学，2010.

［56］ 赵瑞情．中学生社团生活研究［D］.上海：华东师范大学，2008.

［57］赵亚明．高中德育管理全面提升对策探析［EB/OL］.（2023-01-19）［2023-06-14］. https://kns. cnki. net/kcms2/article/abstract? v=3uoqIhG8C467SBiOvrai6TdxYiSzCnOE4DdIn5fHRa7whAmAecdzvc8YNd69kMwmkPArWCJh1cFG2AZEWxHozJ1F06mkWBRoXjDTZVCc2n4%3d&uniplatform=NZKPT.

［58］ 赵永柱．新课改视阈下校长学校管理创新策略研究［J］.教书育

人，2022（29）：30-32.

[59] 赵昱豪.以人为本：学校管理新思路[EB/OL].(2023-01-19)
[2023-06-14]. https://kns. cnki. net/kcms2/article/abstract? v=3uoqIhG8C467
SBiOvrai6TdxYiSzCnOE4DdIn5fHRa7whAmAecdzvc8YNd69kMwmkPArW　-
CJh1cFamHlQGTvr5MsL_FfX7vtlRfkOO5WJv78%3d&uniplatform=NZKPT.

[60] 赵珍菊.普通高中学生成长导师制的实践与改进——以C市T中
学为例［D].成都：西华大学，2021.

[61] 钟以俊.美学视野中的学校教育［M].广州：广东教育出版社，
2006.

[62] 朱光潜.散文精读·朱光潜［M].杭州：浙江人民出版社，2022

[63] 朱光潜.西方美学史［M].2版.北京：人民文学出版社，1979.

[64] 朱霄.优化学校管理工作提升立德树人效果［J].教书育人，
2022（22）：7-9.

[65] 竹内敏雄.美学百科辞典［M].池学镇，译.哈尔滨：黑龙江人
民出版社，1987.